**AI 시대,
대체되지 않는 나**

AI 시대, 대체되지 않는 나

AI 혁명에도 대체되지 않는 사람의 조건

김재광 지음

"AI 시대, 대체될 것인가 살아남을 것인가"
기계가 대신할 수 없는 힘을 키우고
나만의 브랜드로 평생 성장하는 법

문예춘추사

프롤로그

왜 지금,
"대체되지 않는 나"여야 하는가

몇 년 전만 해도 인공지능(AI)은 우리에게 미래의 상징이었다. 뉴스 속이나 기술 컨퍼런스 무대에서나, 혹은 영화 속에서 등장하는 '아직 오지 않은 시대'의 주인공이었다. 그러나 불과 몇 해 사이, 그 미래는 예상보다 훨씬 빠르게, 그리고 너무도 조용히 우리 일상 속으로 스며들었다. 아침에 눈을 뜨면 AI가 선별한 뉴스를 읽고, 출근길에는 AI가 추천한 음악을 듣는다. 회사에서는 보고서 초안을 AI가 대신 작성하고, 디자이너는 시안을 뽑기 위해 AI를 활용하며, 마케터는 캠페인 기획 단계에서부터 AI의 도움을 받는다. 이제 AI는 특별한 기술이 아니라 '숨 쉬듯 쓰는 도구'가 되어버렸다.

이 변화의 속도는 역사상 유례가 없다. 증기기관이 산업혁명을 일으키는 데는 수십 년이 걸렸고, 전기가 생활 속에 완전히 스며들기까지는 반세기가 필요했다. 인터넷이 대중화되는 데도 20년이 걸렸다. 하지만 AI는 등장과 동시에 기하급수적으로 진화하고 있다. 불과 몇 달 전만 해도 불가능하다고 여겨졌던 일이, 오늘은 누구나 클릭 몇 번으로 해낼 수 있는 시대가 되었다.

그래서 우리는 지금, 전 세계 사람들이 같은 질문 앞에 서 있는 모습을 목격하고 있다. "이 속도에서 나는 살아남을 수 있을까?" 그리고 그 질문 속에는 더 깊은 두려움이 숨어 있다. "혹시, 나는 대체될지도 모른다."

AI가 불러온 불안은 크게 두 가지다. 첫째는 직업의 불안이다. AI는 단순 반복 업무를 넘어 고도의 분석과 판단이 필요한 영역까지 대체 범위를 넓혀가고 있다. 번역가, 회계사, 설계사, 심지어 변호사와 의사 같은 전문직조차 예외가 아니다. 과거 자동화의 물결이 주로 생산직을 위협했다면, 이제는 지식노동까지 AI 영향권 안에 들어왔다. 둘째는 정체성 불안이다. 내가 하는 일이 나의 존재 이유와 맞닿아 있을 때, 그 일이 위협받는 순간 우리는 자신이 쌓아온 가치가 무너지는 듯한 공포를 느낀다. 내가 가진 능력과 커리어, 경험이 더 이상 특별하지 않다면, 나는 무엇으로 나를 설명할 수 있을까?

그러나 나는 이렇게 말하고 싶다. "AI 시대에도, 대체되지 않는 사람은 반드시 존재한다."역사는 이를 증명한다. 자동차가 발명되었을 때 마부의 일은 사라졌지만, 교통·물류·관광 산업은 폭발적으로 성장했다. 인터넷이 보급되었을 때 수많은 오프라인 사업이 위축되었지만, 동시에 새로운 온라인 비즈니스가 탄생했다. 기술은 언제나 일부를 없애고, 또 다른 일부를 창조해왔다. 그리고 그 차이를 만든 것은 단 하나였다. 변화를 두려워하며 붙잡았던 사람은 뒤처졌고, 변화를 기회로 삼아 자신을 재정의한 사람은 앞서갔다.

그렇다면 왜 '지금'이어야 하는가? 많은 사람들은 "조금만 더 지켜보다가 움직여도 늦지 않겠지"라고 생각한다. 그러나 AI 시대에서 이런 생각은 위험하다. 변화 속도가 너무 빠르기 때문이다. AI는 하루아침에 모든 것을 뒤엎지는 않지만, 우리가 충분히 준비할 시간을 주지도 않는다. 어제까지 가능했던 방식이 오늘은 무의미해지고, 오늘 유효한 기술이 내일은 구식이 될 수 있다. 그렇기에 '대체되지 않는 나'를 만드는 일은 선택이 아니라, 지금 당장 시작해야 하는 생존 전략이자 성장 전략이다.

'대체되지 않는 나'가 되기 위해서는 세 가지 축이 필요하다. 첫째, 기계가 할 수 없는 영역을 강화하는 것이다. 창의력, 공감 능력, 통찰력, 스토리텔링처럼 AI가 복제할 수 없는 인간 고유의 능력을 의도적으로 개발해야 한다. 둘째, AI와 협력하는 기술을 익히는 것이다. AI를 경쟁자가 아니라 동반자로 삼아 나의 생산성과 창의성을 폭발적으로 끌어올려야 한다. 셋째, 나만의 존재를 브랜드화하는 것이다. '이 사람만이 할 수 있는 일'이라는 명확한 이미지와 가치를 시장에 심어야 한다. 이것이 곧 나를 지키는 방패이자 나를 드러내는 무기가 된다.

이 책은 단순히 AI 도구를 나열하거나 사용법을 소개하는 책이 아니다. 그것은 잠깐의 유행에 불과하다. 이 책은 AI 시대에도 살아남고, 오히려 더 빛날 수 있는 '사람'이 되는 전략에 집중한다. 1부에서는 AI가 만드는 변화의 속도와 본질을 읽어내고, 2부에서는 기계가 흉내 낼 수 없는 인간의 핵심 역량을 세우는 방법을 다룬다. 3부에서는 AI를 진정한 협력자로 삼는 실전 기술을, 4부에서는 나만의 브랜드와 경력을 설계하는 방법을 담았다. 마지막 5부에서는 평생 성장하는 습관과 시스템, 그리고 실패마저 자산으로 바꾸는 전략을 제시한다.

AI 시대는 인간을 대체하려는 것이 아니다. 오히려 인간의 '진짜'를 더 선명하게 드러내는 시대다. 변화는 두려움의 대상이 아니라, 나를 새롭게 정의할 기회다. 이 책을 덮는 순간, AI는 더 이상 공포의 대상이 아니라 당신을 더욱 대체 불가능하게 만드는 가속기가 될 것이다. 그리고 그때, 당신은 이렇게 말하게 될 것이다. "그래, 이 시대에도 나만은 대체되지 않는다."

혁신의 아이콘이자, 슈퍼아이콘을 만드는 멘토

차례

프롤로그: 왜 지금, "대체되지 않는 나"여야 하는가 ✱ 4

1부
AI 시대, 생존의 조건 ▶

1장 변화의 속도: AI가 세상을 바꾸는 5가지 물결 ✱ 15
산업 자동화의 가속 ㅣ 생성형 콘텐츠의 대중화 ㅣ 초개인화 서비스 부상
디지털 휴먼과 가상 세계 ㅣ AI 윤리와 규제의 도래

2장 사라지는 직업, 새롭게 뜨는 기회 ✱ 29
위험군 직업의 특징 ㅣ 대체 불가능 직업의 조건
신직업군 10가지 예시 ㅣ 전환을 위한 학습 전략

3장 AI 공포를 넘어 기회로 전환하는 사고법 ✱ 40
AI에 대한 3가지 오해 ㅣ '위기 → 기회'로 바꾸는 질문
시나리오 플래닝의 힘 ㅣ 기회를 포착하는 5단계 사고 프레임

2부

대체 불가능한 핵심 역량

4장 기계가 흉내 낼 수 없는 인간의 힘 * 53

창의력: AI가 만들 수 없는 연결 | 공감 능력: 관계를 지탱하는 힘
통찰력: 데이터 너머를 보는 눈 | 스토리텔링: 기억에 남는 메시지

5장 전략적 사고와 문제 해결력 * 61

문제를 정의하는 기술 | 'WHY→WHAT→HOW' 사고법
복잡한 문제를 단순화하는 방법 | 전략적 실행 계획 세우기

6장 관계·네트워크·협업 역량의 진화 * 70

관계의 가치 재정의 | AI 시대의 네트워킹 방식
협업에서 차별화되는 3가지 포인트
미래 협업의 핵심 원칙 | 관계를 기회로 만드는 법

3부

AI와 협력하는 실전 기술

7장 AI를 동료로 만드는 법 * 83

경쟁자가 아닌 동반자로 보기 | 업무 속 AI 통합하기
창의성과 효율성의 균형 잡기 | AI와 협력할 때 주의할 점

8장 생산성과 창의성을 높이는 AI 툴 30선 ✱ 92

글쓰기·기획·아이디어 생성 툴 | 이미지·디자인·영상 제작 툴
데이터 분석·리서치 툴 | 자동화·프로젝트 관리 툴

9장 데이터·자동화·콘텐츠 제작 실습 가이드 ✱ 100

AI 기반 콘텐츠 제작 과정 | 데이터 수집과 가공 실습
자동화 워크플로우 설계 | 실습 프로젝트 완성하기

4부
나만의 브랜드와 경력 만들기

10장 나의 전문 영역 브랜드화하는 법 ✱ 113

'전문성'의 정의와 확립 | 나만의 스토리 만들기
비주얼 아이덴티티 구축 | 시장에 브랜드 알리기

11장 포트폴리오·콘텐츠·프로필 재설계하기 ✱ 121

디지털 자산의 중요성 | 포트폴리오 플랫폼 선택법
SNS·링크드인 최적화 전략 | 온라인과 오프라인 연결하기

12장 AI 활용 경력 설계 로드맵 ✱ 130

경력 재설계 3단계 | 직무 확장 전략
프리랜서·창업 전환법 | 장기 경력 성장 플랜

5부

AI 시대 평생 성장 전략

13장 학습하는 인간: 매일 1% 성장 시스템 * 143

지속 학습의 힘 | 마이크로러닝 활용법
AI를 학습 코치로 만들기 | 성장 습관 형성하기

14장 실패를 자산으로 만드는 피드백 루프 * 150

실패 데이터 수집하는 법 | 개선점을 찾아내는 분석법
'작은 실패'의 가치 | 회고와 재도전 시스템 만들기

15장 미래에도 유효한 나만의 성공 공식 * 157

성공 공식의 3요소 | 나만의 가치관 세우기
핵심 역량 유지·업그레이드 전략 | 지속 가능한 네트워크 관리

에필로그: 당신은 이미 대체되지 않는 사람이다 * 165

부록 1 AI 시대 생존·성장 체크리스트 * 168
부록 2 30일 "대체되지 않는 나" 실행 챌린지 * 170
부록 3 추천 AI 툴 & 리소스 40선 * 173

"변화는 위협이 아니라,
준비된 자에게는 가장 큰 기회다."

- 피터 드러커

1부

AI 시대, 생존의 조건

우리가 살고 있는 지금은 역사상 가장 빠르게 변화하는 시대다. 새로운 기술이 등장해 산업을 뒤흔드는 속도가, 과거 한 세대가 겪을 변화를 불과 몇 년 안에 몰아친다. 인공지능은 그 변화의 최전선에 있다. 단순히 편리한 도구를 넘어, 인간의 사고와 의사결정, 창의성까지 침범하고 있다.

많은 사람들은 이 거대한 흐름 앞에서 불안해한다. '내 직업이 사라지는 건 아닐까?', '내가 가진 기술이 5년 뒤에도 쓸모 있을까?'라는 의문이 머릿속을 맴돈다. 실제로 많은 직무가 이미 자동화되었고, 앞으로 더 많은 일이 AI 손으로 넘어갈 것이다.

하지만 역사를 보면, 기술 혁신의 파도는 누군가를 휩쓸어버리는 동시에, 누군가에게는 거대한 기회의 문이 되었다. 증기기관, 전기, 인터넷이 그랬듯이, AI 역시 누군가에겐 종말이고 누군가에겐 시작이다. 결국 차이를 만드는 것은 기술 자체가 아니라, **그 기술을 대하는 우리의 태도와 선택**이다.

이제 중요한 질문은 "AI가 나를 대체할까?"가 아니다. 대신 "나는 AI와 함께 어디까지 성장할 수 있을까?"가 되어야 한다.

1부에서는 AI 시대에 우리가 반드시 갖춰야 할 '생존의 조건'을 다룬다. 변화를 두려움 대신 기회로 전환하는 사고법, 사라지는 직업과 새로 뜨는 기회의 본질, 그리고 지금부터 시작해야 할 구체적인 준비를 이야기할 것이다.

당신이 이 시대를 단순한 생존이 아니라 **성장의 무대**로 만들 수 있도록, 첫걸음을 함께 내디뎌보자.

1장

변화의 속도
: AI가 세상을 바꾸는 5가지 물결

"미래는 이미 와 있다. 다만 고르게 퍼져 있지 않을 뿐이다."

윌리엄 깁슨

바다는 한순간에 뒤집히지 않는다. 그러나 조류가 바뀌는 순간, 해안선 풍경은 전혀 다른 것이 된다. 지금 우리가 서 있는 시점이 그렇다. 인공지능이라는 거대한 조류가 인류의 모든 산업과 일상에 스며들고 있으며, 그 속도는 이미 기술 발전 역사에서 유례를 찾기 힘들 정도다.

단순한 자동화 수준에 머물렀던 기계는 이제 스스로 학습하고, 창작하고, 판단하는 '지능'을 가지기 시작했다. 몇 년 전까지만 해도 공상과학 영화 속에나 있던 장면이 현실이 되었고, 그 변화는 파도처럼 한 번만 치고 지나가는 것이 아니라, 연속적으로, 그리고 점점 더 거세게 밀려오고 있다.

우리가 직면한 이 흐름은 단지 한두 개의 기술 혁신이 아니다. 산업 구조, 콘텐츠 생산 방식, 서비스 제공 형태, 그리고 인간의 일과 관계의 본질까지, 전방위적으로 재편하는 '다섯 가지 물결'이 동시에 일어나고 있다.

이 물결은 피할 수 있는 것이 아니다. 오히려 그것은 우리 선택을 기다리지 않는다. 선택을 유예하는 순간, 우리는 그 속도에 휩쓸릴 수밖에 없다.

이 장에서는 AI가 만들어내는 변화의 다섯 가지 거대한 흐름을 짚어본다. 산업 자동화의 가속, 생성형 콘텐츠의 대중화, 초개인화 서비스 부상, 디지털 휴먼과 가상 세계의 확장, 그리고 AI 윤리와 규제의 도래까지. 각 흐름은 단순한 트렌드가 아니라, 앞으로 10년 이상을 좌우할 생존의 조건이다. 이 흐름을 먼저 이해하고, 타이밍을 읽고, 파도를 타는 사람이 결국 승자가 된다.

산업 자동화의 가속

AI 시대 첫 번째 변화의 물결은 '산업 자동화의 가속'이다. 자동화라는 개념 자체는 새로운 것이 아니다. 이미 20세기 후반부터 기계와 컴퓨터는 제조 공정을 단순화하고, 대량 생산 체계를 완성하는 데 큰 역할을 했다. 그러나 지금의 자동화는 과거와는 차원이 다르다. 단순히 반복 작업을 대신하는 수준을 넘어, 판단과 의사결정, 심지어 문제 해결까지 기계가 수행하고 있다. 산업 자동화의 핵심은 '속도'와 '지능'이다. 과거에는 사람이 설계한 절차를 기계가 그대로 실행했다면, 이제는 AI가 데이터를 스스로 분석해 최적의 절차를 만들고, 상황에 따라 즉시 조정까지 한다.

제조업 현장을 예로 들어보자. 전통적인 공장에서는 제품 설계와 생산 라인을 변경하려면 수주일, 때로는 수개월이 걸렸다. 그러나 AI 기반 스마트 팩토리에서는 센서와 로봇이 실시간으로 데이터를 수집하고, AI가 이를 분석해 즉시 생산 방식을 변경한다. 특정 부품의 수요가 급증하면 AI가 자동으로 생산 라인을 재배치하고, 불량률이 높아지는 순간, 원인을 찾아내 조치한다. 이런 변화 덕분에 글로벌 기업들은 재고를 줄이고 생산 속도를 높이며, 인력과 비용을 동시에 절감할 수 있게 됐다.

물류와 유통에서도 자동화 속도는 놀라울 정도다. 과거에는 사람이 직접 창고를 돌아다니며 물건을 찾고 포장했지만, 이제는 로봇이 스스로 경로를 계산해 최단 시간에 물품을 가져온다. AI가 수요를 예측해 미리 재고를 배치하고, 드론이나 무인 차량이 직접 고객에게 배송하기도 한다. 아마존, 알리바바, 쿠팡 같은 기업들은 이미 이 방식을 도입해 배송 시간을 획기적으로 단축시키고 있다. 더 이상 '하루 배송'은 특별한 서비스가 아니다. 산업 자동화가 '즉시 배송' 시대를 가능하게 만들고 있다.

더 주목해야 할 점은, 이 자동화가 단순 육체노동을 넘어 지식 노동 영역으로도 확장되고 있다는 것이다. 회계 부서에서 영수증 처리와 장부 정리를 AI가 실시간으로 수행하고, 법률 사무소에서는 AI가 판례 검색과 기본 계약서 작성까지 맡는다. 의료 분야에서는 AI가 환자의 진단 영상을 분석해 질병 가능성을 예측하고, 의사의 판단을 보조한다. 이 과정에서 사람의 역할은 '작업자'에서 '감독자' 혹은 '최종 결정자'로 바뀌고 있다.

물론 이런 변화는 양면성을 가진다. 효율성과 생산성이 비약적으로 향상되는 반면, 자동화가 인간의 일자리를 빠르게 대체할 가능성도 크다. 특히 절차가 명확하고 규칙 기반으로 움직이는 직무일수록 AI에게 넘어갈 확률이 높다. 반복적인 보고서 작성, 단순 데이터 입력, 기계적 분석 업무는 이미 AI와 로봇의 몫이 되고 있다. 그러나 동시에 새로운 기회도 생겨난다. AI 시스템을 설계하고 관리하는 전문가, 데이터를 기반으로 새로운 비즈니스 모델을 발굴하는 전략가, 그리고 AI가 놓친 빈틈을 메우는 창의적 해결사가 그 주인공이다.

산업 자동화의 가속은 막을 수 없는 흐름이다. 그렇다면 질문은 단순하다. "나는 이 흐름 속에서 대체될 것인가, 아니면 흐름을 주도할 것인가?" 대체되지 않는 나를 만들기 위해서는, 자동화를 피하려고 하는 대신 그 흐름 속으로 들어가 기술과 함께 성장해야 한다. 기계가 더 잘하는 일은 기계에게 맡기고, 그 위에 새로운 가치를 더하는 것이야말로 AI 시대를 살아남는 첫 번째 전략이다.

생성형 콘텐츠의 대중화

AI가 만들어낸 두 번째 거대한 변화 물결은 '생성형 콘텐츠의 대중화'다. 불과 몇 년 전까지만 해도, 텍스트·이미지·영상 같은 창작물은 전문가들 영역이었다. 글을 쓰려면 작가나 기자의 역량이 필요했고, 이미지를 만들려면 디자이너나 사진가의 손길이 필요했다. 하지만 지금은 클릭 몇 번, 짧은 명령어 하나만으로 누구나 전문 수준의 결과물을 만들어낼 수 있다. ChatGPT, Midjourney, Runway, DALL·E 같은 도구들이 이를 가능하게 했다. 과거에는 몇 시간, 며칠이 걸리던 작업이 이제 몇 분, 심지어 몇 초 만에 완성된다.

  이 흐름의 핵심은 '문턱의 붕괴'다. 예전에는 장비, 소프트웨어, 전문 기술이 필요했던 창작 과정이 이제 인터넷 연결만 있으면 가능하다. 글쓰기에 자신 없는 사람도 AI 도움을 받아 블로그 글이나 기획안을 만들고, 디자인 경험이 전혀 없는 사람도

로고와 포스터를 제작한다. 이는 단순히 개인의 편의성을 높이는 것을 넘어, 시장 자체를 재편한다. 콘텐츠 제작 비용이 급격히 낮아지고, 제작 속도가 빨라지면서, 기업과 개인 모두 '콘텐츠 퍼블리셔'로 변모하고 있다.

이미 다양한 분야에서 생성형 AI의 파급력은 드러나고 있다. 광고 업계에서는 캠페인 아이디어와 시안을 AI로 빠르게 생성해 고객에게 제시하고, 영화·드라마 제작 현장에서는 콘셉트 아트와 시각 자료를 AI가 먼저 그려준다. 교육 분야에서는 AI가 학생 수준에 맞춘 맞춤형 학습 자료를 만들어주고, 게임 업계에서는 플레이어 선택에 따라 실시간으로 새로운 스토리와 캐릭터를 생성한다. 이렇게 생성형 콘텐츠는 단순한 도구를 넘어, 창작과 소비 방식을 함께 바꾸고 있다.

물론, 모든 변화에는 그림자가 있다. AI가 생성한 콘텐츠는 때때로 사실과 다른 정보를 포함하고, 저작권과 표절 문제를 야기하기도 한다. 또, 누구나 쉽게 콘텐츠를 만들 수 있게 되면서 시장에는 양질의 정보뿐 아니라 저품질·중복 콘텐츠가 넘쳐난다. 이는 정보 과잉과 신뢰 하락으로 이어질 수 있다. 결국 중요한 것은 '생성' 그 자체가 아니라, 생성된 콘텐츠의 **질과 활용 능력**이다. AI가 만들어낸 자료를 비판적으로 검토하고, 인간만이 줄 수 있는 독창성과 맥락을 더할 수 있는 사람이 진정한 차별화를 이룰 수 있다.

생성형 콘텐츠의 대중화는 창작의 민주화를 가져왔다. 그러나 그것이 모든 사람을 크리에이터로 만들지는 않는다. 버튼을 누를 수 있는 능력만으로는 경쟁력을 가질 수 없다. 같은 도구를 쓰더라도, 질문을 더 정교하게 던지고, 결과물을 더 세련되게 다듬으며, 스토리와 감정을 입히는 사람이 승자가 된다. 결국 AI는 무한한 재료를 제공하는 셰프의 보조일 뿐이다. 진짜 요리는 여전히 사람의 손에서 완성된다.

초개인화 서비스 부상

AI 변화의 세 번째 물결은 '초개인화 서비스 부상'이다. 과거의 '개인화'가 단순히 사용자의 나이, 성별, 지역 정도에 맞춘 맞춤형 추천이었다면, 지금의 초개인화는 그보다 훨씬 깊다. AI는 우리의 온라인 활동 기록, 소비 패턴, 심지어 대화와 감정 상태까지 분석해 '지금 이 순간의 나'에게 가장 적합한 서비스를 제안한다. 넷플릭스가 내가 좋아할 만한 영화와 드라마를 정확하게 골라주는 것처럼, AI는 학습 데이터와 실시간 정보를 결합해 '한 사람'을 위한 콘텐츠, 제품, 경험을 설계한다.

이 변화의 본질은 **데이터의 깊이와 맥락 이해**에 있다. AI는 단순히 내가 클릭한 상품 목록을 기억하는 것이 아니라, 그 상품을 언제, 왜, 어떤 상황에서 찾았는지까지 분석한다. 예를 들어, 건강 앱은 내가 평소보다 늦게 잠든 날이면 다음 날 아침 알림으로 카페인 섭취를 줄이도록 권하고, 운동 루틴을 조정해준다.

쇼핑 플랫폼은 계절 변화와 내 기호를 반영해 '이번 주에 입기 좋은 스타일'을 제안하며, 심지어 내가 SNS에서 검색하거나 언급한 키워드까지 실시간으로 반영한다.

교육 분야에서는 초개인화 영향이 특히 크다. 과거의 학습 프로그램은 같은 나이·같은 학년 학생에게 동일한 커리큘럼을 제공했다. 하지만 AI 기반 초개인화 학습 시스템은 학생의 수준, 학습 속도, 이해도에 맞춰 수업을 재구성한다. 이 과정에서 AI는 학습자의 약점을 보완하고, 강점을 강화하며, 학습 의욕을 유지하기 위한 동기 부여 방식까지 맞춤 설계한다. 이것은 단순히 '효율적인 학습'을 넘어, 교육의 패러다임을 개인 중심으로 전환시키는 흐름이다.

기업 입장에서 초개인화는 **고객 충성도를 높이는 강력한 무기다**. 제품을 판매하는 것이 아니라, 고객의 '경험'을 판매하는 시대이기 때문이다. 스타벅스는 AI 분석을 통해 고객이 자주 찾는 음료와 계절별 기호를 파악해 앱에서 개인 맞춤 쿠폰을 제공한다. 핀테크 기업은 소비 내역과 금융 습관을 분석해, 고객이 필요로 하기 전에 적절한 대출 상품이나 투자 포트를 제안한다.

이런 접근 방식은 고객을 '한 번 구매하는 소비자'에서 '평생 관계를 유지하는 파트너'로 변화시킨다.

그러나 초개인화에는 명확한 위험도 존재한다. 바로 **프라이버시 침해와 데이터 보안 문제**다. AI가 개인의 행동과 취향을 깊이 이해할수록, 그만큼 민감한 정보가 수집되고 저장된다. 이 데이터가 유출되거나 악용될 경우, 피해는 돌이킬 수 없다. 따라서 초개인화 성공은 기술력뿐 아니라 신뢰와 윤리적 기준에 달려 있다. 사용자가 안심하고 데이터를 제공할 수 있도록, 투명한 데이터 사용 정책과 강력한 보안 체계가 필수적이다.

결국 초개인화 서비스 부상은 '대중의 시대'에서 '개인의 시대'로의 전환을 의미한다. AI는 더 이상 집단 전체를 대상으로 동일한 경험을 제공하지 않는다. 대신 한 사람, 한 순간, 한 맥락에 집중한다.

그리고 이 흐름 속에서 대체되지 않는 사람이 되려면, AI가 제공하는 맞춤형 정보를 단순히 소비하는 데 그치지 않고, 그 데이터를 바탕으로 새로운 가치를 창출할 줄 알아야 한다. 그것이 초개인화 시대의 진짜 경쟁력이다.

디지털 휴먼과 가상 세계

AI 변화의 네 번째 물결은 **디지털 휴먼과 가상 세계의 확산**이다. 디지털 휴먼은 실존 인물이 아님에도 마치 살아 있는 사람처럼 보이고 행동하는 가상의 인물이다. 이들은 AI로 생성된 얼굴과 음성을 가지고 있으며, 사람처럼 표정을 짓고 대화를 나눌 수 있다. 이미 패션, 광고, 방송, 쇼핑 라이브 등 다양한 분야에서 디지털 휴먼이 등장하고 있고, 실제 모델이나 방송인을 대체하는 경우도 많아지고 있다. 무엇보다 이들은 지치지 않으며, 시간과 공간의 제약을 받지 않는다. 기업은 디지털 휴먼을 활용해 하루 24시간, 전 세계를 대상으로 활동할 수 있고, 필요에 따라 외모나 목소리, 언어를 즉시 변경할 수 있다. 이는 전통적인 인적 자원 개념을 근본적으로 뒤흔든다.

디지털 휴먼의 등장은 단순한 기술 실험에 그치지 않는다. 메타버스와 결합하면서 완전히 새로운 시장과 경험이 만들어지고 있다. 가상 회의, 가상 공연, 가상 전시회 같은 이벤트는 이미 현실 행사와 맞먹는 영향력을 발휘하고 있다. 기업은 메타버스 안에서 전 세계 소비자와 실시간으로 소통하고, 브랜드 경험을 전달하며, 새로운 수익원을 창출한다. 예를 들어, 가상 매장에서 디지털 휴먼 점원이 고객을 맞이하고 상품을 설명해주는 장면은 이제 미래가 아니라 현재다. 이런 변화는 물리적 공간에 의존하던 비즈니스를 디지털 영역으로 옮기고, 국가와 국경이라는 장벽을 허물어버린다.

그러나 디지털 휴먼과 가상 세계가 확장될수록 현실과 가상의 경계는 점점 모호해진다. 사람들은 실제보다 더 오래, 더 자주 디지털 공간에서 활동하게 되고, 그 속에서 관계를 형성하며 정체성을 구축한다. 이는 새로운 기회이기도 하지만, 동시에 정체성 혼란, 사회적 고립, 가짜 정보 확산 같은 부작용을 낳을 수 있다. 특히 디지털 휴먼이 사람을 흉내 내는 수준을 넘어, 사람보다 더 설득력 있게 콘텐츠를 전달하는 경우, 그 영향력은 상상을 초월할 수 있다. 기술 발전과 함께, 이를 어떻게 관리하고 규제할 것인지에 대한 논의가 필수적인 이유다.

결국 디지털 휴먼과 가상 세계는 단순한 유행이 아니라, AI 시대의 필연적인 진화 방향이다. 현실과 가상을 넘나들며 새로운 경험과 가치를 만들어내는 능력은 앞으로 더 중요해질 것이다. 하지만 이 변화 속에서 대체되지 않는 사람이 되려면, 단순히 디지털 휴먼을 소비하는 데 그치지 않고, 그것을 기획하고, 활용하며, 새로운 비즈니스 기회를 만들어낼 수 있어야 한다. 기술이 제공하는 가상 무대를 어떻게 설계하고 운영하느냐에 따라, 미래의 주인공이 될 수도, 변방의 관객으로 남을 수도 있다.

AI 윤리와 규제의 도래

AI 변화의 마지막 물결은 **윤리와 규제의 도래**다. 지금까지의 기술 발전은 속도와 가능성에 집중해왔다. 더 빠르게, 더 정밀하게, 더 효율적으로. 그러나 AI가 인간의 의사결정과 행동 영역까지 깊숙이 들어오면서, 우리는 단순히 '할 수 있는가'가 아니라 '해도 되는가'를 묻기 시작했다. 개인정보 침해, 알고리즘 편향, 가짜 정보 확산, 저작권 침해 등 AI가 가져온 부작용은 이미 곳곳에서 현실로 나타나고 있다. 특히 생성형 AI가 만든 텍스트와 이미지는 그 출처를 명확히 밝히기 어렵고, 잘못된 정보가 사실처럼 퍼져나가는 경우도 많다. 기술이 사회적 신뢰를 무너뜨릴 수 있다는 우려가 점점 커지고 있는 것이다.

이러한 우려 속에서 각국 정부와 국제기구는 AI 사용에 대한 법적·윤리적 기준을 마련하고 있다. 유럽연합(EU)은 'AI 법안(AI Act)'을 통해 AI를 위험 등급별로 분류하고, 고위험 AI 시스템에는 엄격한 규제를 적용하기 시작했다. 미국은 AI 투명성과 책임성을 강화하는 가이드라인을 발표했고, 아시아 각국 역시 AI 윤리 헌장과 가이드라인을 속속 내놓고 있다. 기업은 더 이상 AI를 단순히 '도입할지 말지'만 고민하지 않는다. '어떻게 안전하게 도입할지'와 '규제를 어떻게 준수할지'가 경쟁력의 중요한 기준이 되고 있다.

AI 윤리와 규제는 단순히 법률적 장벽이 아니다. 오히려 장기적으로는 기술의 지속 가능성을 보장하는 기반이 된다. 윤리적 가이드라인이 없으면 소비자 신뢰를 잃고, 규제를 무시하면 시장에서 퇴출당한다. 특히 글로벌 시장에서 활동하는 기업일수록, 각국의 다른 규제를 모두 이해하고 대응해야 한다. 이는 AI를 다루는 기술 역량만큼이나 법률, 정책, 사회적 감수성을 이해하는 능력이 중요하다는 의미다.

대체되지 않는 사람이 되려면, AI 윤리와 규제를 단순한 제약으로 보지 말고 새로운 기회로 해석할 필요가 있다. 예를 들어, 윤리적 설계와 투명한 데이터 처리 방식을 강점으로 내세우는 기업은 시장에서 차별화된 신뢰를 구축할 수 있다. AI 안전성 평가, 데이터 윤리 컨설팅, 알고리즘 편향 교정 같은 분야는 앞으로 중요한 전문 직종이 될 것이다. 기술이 아무리 뛰어나도 신뢰가 없다면 지속 가능하지 않다. 반대로, 신뢰를 기반으로 한 기술은 시간이 지날수록 영향력이 커진다.

결국 AI 윤리와 규제의 도래는 AI 시대를 단순한 '속도 경쟁'에서 '신뢰 경쟁'으로 전환시키는 거대한 변곡점이다. 그리고 이 신뢰를 설계하고 지켜내는 사람이야말로 AI가 대체할 수 없는 진짜 리더가 될 것이다.

강물은 멈추지 않는다
바람은 뒤돌아보지 않는다
나는 오늘
변화의 파도 위에 서 있다

〈파도 위의 나〉

2장
사라지는 직업, 새롭게 뜨는 기회

"문이 닫히면, 다른 문이 열린다.
그러나 우리는 종종 닫힌 문만 바라보다가 열린 문을 보지 못한다."

알렉산더 그레이엄 벨

기술 혁신 역사에서 한 가지 법칙은 변함이 없다. 새로운 기술이 등장하면 반드시 어떤 직업은 사라지고 또 다른 직업은 새롭게 생겨난다는 것이다. 증기기관이 마부와 마차 제조업을 밀어냈지만, 동시에 철도기사와 기계공을 탄생시켰다. 그리고 인터넷이 신문 배달원을 줄였지만, 웹디자이너와 데이터 분석가를 만들었다.

AI 시대 역시 예외가 아니다. 단지 이번에는 변화 속도가 훨씬 빠르고 파급 범위가 훨씬 넓을 뿐. 반복적인 규칙 기반 업무는 점점 기계에게 넘어가고, 그 과정에서 안정적이라고 믿었던 전문직조차 재편 대상이 되고 있다.

하지만 직업 소멸은 곧 기회의 탄생이기도 하다. AI를 활용해 새로운 가치를 만드는 직무, 인간의 창의와 감성을 요구하는 영역, 그리고 기술과 인간성을 결합하는 직업은 오히려 수요가 폭발적으로 늘고 있다.

이 장에서는 어떤 직업이 사라질 위험에 놓였는지, 대체 불가능한 직업의 조건은 무엇인지를 알아보고, 새롭게 떠오르는 10가지 신직업군을 살펴본다. 마지막으로, 이런 전환기에 어떻게 학습 전략을 세워야 생존이 아닌 성장을 선택할 수 있는지도 함께 제시한다.

위험군 직업의 특징

AI 시대에 가장 먼저 타격을 받는 직업에는 공통된 특징이 있다. 그것은 바로 **정해진 규칙과 절차를 반복하는 업무**라는 점이다. 이들 직업은 입력과 출력이 명확하고, 업무 과정이 표준화돼 있어 기계가 학습하기 쉽다. 예를 들어, 데이터 입력, 재고 관리, 단순 서류 처리 같은 업무는 이미 자동화 소프트웨어나 로봇 프로세스 자동화(RPA) 기술로 대체되고 있다. 사람의 개입이 꼭 필요하지 않고, 결과의 품질이 일정해야 하는 업무일수록

AI가 효율적으로 수행할 수 있다.

또 다른 특징은 **창의적 판단과 감정적 교류가 거의 필요 없는 직무**라는 점이다. 예를 들어, 콜센터에서 고객 문의에 정해진 답변을 제공하는 상담원, 표준 문장을 반복적으로 번역하는 번역가, 템플릿에 맞춰 자료를 작성하는 보고서 작성자 등은 AI 챗봇이나 생성형 AI가 동일하거나 더 빠른 결과를 제공할 수 있다. 이러한 직무는 업무 처리 속도가 중요할 뿐, 인간 특유의 감정적 공감이나 직관이 크게 요구되지 않는다.

위험군 직업의 세 번째 특징은 **기술 진입 장벽이 낮고, 인건비 절감 효과가 큰 영역**이라는 것이다. 기업 입장에서 AI 도입이 비용 절감으로 직결된다면, 교체를 주저할 이유가 없다. 단순 제조 라인의 조립 인력, 문서 스캔 및 분류 작업자, 단순 검수원 등이 대표적이다. 이 직무들은 숙련 기간이 짧고, 사람보다 기계가 더 오래, 더 정확하게 수행할 수 있는 경우가 많다.

마지막으로, **업무 성과를 데이터로 측정하기 쉬운 직무** 역시 위험군에 속한다. AI는 데이터 기반으로 학습하고 판단하기 때문에 결과가 수치나 정확도 등 명확한 지표로 나타나는 분야에서 빠르게 사람을 대체한다. 예를 들어, 표준화된 검사 작업, 반복적인 품질 테스트, 일정한 포맷의 콘텐츠 작성 같은 업무는 AI가 데이터를 기반으로 최적화할 수 있다.

이러한 특징을 가진 직무는 단기간 내에 완전히 사라지거나, 최소한 고용 규모가 급격히 줄어들 가능성이 높다. 그러나 이것이 곧 '종말'을 의미하는 것은 아니다. 오히려 이런 직무에 종사하는 사람이라면 지금이 변화와 전환을 준비할 절호의 시기다. AI가 맡을 수 없는 창의적·전략적·관계 중심의 역할로 이동한다면, 현재의 경험과 역량을 새로운 형태의 경쟁력으로 바꿀 수 있다.

대체 불가능 직업의 조건

AI 시대에도 결코 사라지지 않는 직업에는 분명한 공통점이 있다. 그것은 단순히 '기술적으로 어렵다'는 이유 때문이 아니라, **인간만이 수행할 수 있는 고유한 가치**를 내포하고 있기 때문이다. 이러한 직업은 AI가 아무리 발전하더라도 본질적으로 대체가 어렵다. 그 첫 번째 조건은 **창의성과 독창성**이다. 기존 데이터를 조합해 새로운 결과를 만들어내는 능력은 AI도 갖고 있지만, 완전히 새로운 패턴을 발견하거나 예상치 못한 연결을 만들어내는 창의성은 여전히 인간의 영역이다. 예술가, 혁신적인 제품 디자이너, 스토리텔러, 창의적 기획자는 바로 이 조건에 해당한다.

두 번째 조건은 **고도의 감정 지능과 공감 능력**이다. 사람의 감정은 단순한 표정 분석이나 음성 톤 파악만으로 완벽하게 이해할 수 없다. 진짜 공감은 경험과 맥락, 관계의 깊이에서 나온다. 의사·심리상담사·교사·리더십 코치는 단순한 정보 제공자가 아니라, 상대방의 감정과 상황을 세밀하게 읽고 대응해야 한다. AI는 정해진 패턴에 따라 '적절한' 반응을 보일 수는 있지만, 그 반응이 진심에서 비롯된 것처럼 느껴지기는 어렵다. 사람과 사람 사이의 신뢰를 구축하는 과정은 여전히 인간의 고유 영역이다.

세 번째 조건은 **복합적 상황 판단과 윤리적 결정을 요구하는 직무다.** AI는 주어진 목표에 따라 최적의 선택을 계산하지만, 그 선택이 사회적·도덕적으로 타당한지는 판단하지 못한다. 예를 들어 의료 현장에서 치료 방법을 결정할 때, 법률 분야에서 판결을 내릴 때, 경영에서 복잡한 이해관계를 조율할 때, 단순한 효율보다 가치와 윤리를 우선시해야 한다. 이런 상황에서는 인간의 경험, 도덕적 직관, 문화적 이해가 필수적이다.

마지막 조건은 **관계 구축과 네트워크를 통한 가치 창출**이다. 비즈니스 세계에서 성공을 결정짓는 중요한 요소 중 하나는 사람과 사람 사이의 신뢰와 관계다. AI는 정보 전달과 일정 관리에는 뛰어나지만, 인간이 서로를 신뢰하게 만드는 과정, 즉 관계의 '온기'를 만들 수는 없다. 네트워크를 기반으로 협력을 이끌어내고, 장기적인 파트너십을 구축하는 능력은 AI 시대에도 변하지 않는 경쟁력이다.

이 네 가지 조건을 충족하는 직업은 단순히 생존하는 수준을 넘어 AI 시대에 더 높은 가치를 인정받는다. 중요한 것은 직업의 명칭이 아니라, 그 직업 속에 이 조건들이 얼마나 내재돼 있는가다. 지금 자신이 하는 일이 AI에게 대체될 위험이 크다고 느껴진다면, 이 네 가지 요소를 자신의 업무에 어떻게 통합할지 고민해야 한다. 그것이 '대체 불가능한 나'를 만드는 출발점이 된다.

신직업군 10가지 예시

AI 시대는 일자리를 빼앗는 동시에 새로운 일자리를 창조한다. 특히 기술과 인간 고유의 역량이 결합된 분야에서는 과거에는 존재하지 않던 직업들이 빠르게 등장하고 있다. 이들 신직업군은 AI의 확산 속도와 함께 성장하며, 앞으로 수요가 폭발적으로 늘어날 가능성이 높다.

첫째, **AI 트레이너**다. AI 모델이 더 정확하고 유용한 결과를 내기 위해서는 고품질 학습 데이터가 필요하다. AI 트레이너는 데이터를 선별·정제하고, AI가 잘못 학습한 부분을 수정하며,

특정 분야에 맞는 전문 지식을 주입한다. 예를 들어, 의료 AI를 위한 의학 데이터셋을 구축하거나, 금융 AI가 금융 용어를 정확히 이해하도록 돕는 일이 이에 해당한다.

둘째, **데이터 큐레이터**다. 방대한 양의 데이터 속에서 가치 있는 정보를 선별하고, 이를 활용 가능한 형태로 조직하는 전문가다. 단순 수집이 아니라, 데이터를 의미 있게 재구성해 분석·활용 가능성을 높인다. 특히 기업에서는 데이터 큐레이션이 비즈니스 인사이트와 직결되므로 수요가 계속 늘어날 전망이다.

셋째, **프롬프트 엔지니어**(Prompt Engineer)다. 생성형 AI에게 원하는 결과를 얻기 위해 질문과 명령어를 설계하는 전문가다. 단순히 AI에게 "그림을 그려줘"라고 말하는 것이 아니라, 구체적 맥락과 스타일, 제약 조건을 포함한 고도화된 프롬프트를 만들어낸다. 현재는 초기 단계지만, AI가 점점 더 많은 산업에 쓰이면서 필수 직군이 될 가능성이 크다.

넷째, **AI 윤리 전문가**다. 알고리즘 편향, 개인정보 보호, 가짜 정보 확산 문제 등 AI 관련 윤리 이슈를 점검하고 해결책을 제시하는 전문가다. 기업과 정부는 AI를 안전하게 활용하기 위해 반드시 윤리 전문가를 필요로 하며, 이들은 기술과 법률, 사회학을 모두 이해해야 한다.

다섯째, **가상 인간 매니저**다. 디지털 휴먼이 광고, 방송, SNS 등 다양한 활동을 하면서, 이들의 '활동 경력'을 기획·관리하고 수익화를 돕는 직종이 등장했다. 실제 모델 매니지먼트와 유사하지만, 대상이 물리적 사람이 아니라 가상 인물이라는 점에서 차이가 있다.

여섯째, **메타버스 경험 디자이너다**. 가상 세계에서 몰입도 높은 사용자 경험을 설계하는 직업이다. 단순히 3D 그래픽을 만드는 것이 아니라, 스토리와 상호작용, 경제 시스템까지 통합적으로 설계한다. 기업의 브랜드 경험, 교육, 엔터테인먼트 산업에서 수요가 폭발적으로 증가하고 있다.

일곱째, **AI 보안 전문가다**. AI 시스템을 공격하는 새로운 형태의 해킹 위협이 등장하면서, 이를 막기 위한 보안 전문성이 필요해졌다. AI 보안 전문가는 알고리즘 취약점을 분석하고, 데이터 조작이나 악용을 방지하는 기술을 개발한다.

여덟째, **디지털 애프터케어 전문가다**. 사람들의 디지털 자산과 온라인 기록을 관리하고, 사후에는 디지털 유산을 정리·전달하는 역할이다. AI 시대에는 개인이 남긴 데이터가 방대해지고 가치가 커지기 때문에 이를 전문적으로 관리하는 직업이 주목받고 있다.

아홉째, **AI 협업 코디네이터다**. 기업 내에서 AI와 인간 업무를 최적화하는 역할이다. 어떤 업무를 AI에 맡기고, 어떤 업무를 사람이 맡아야 할지 판단해 효율성을 극대화한다. 프로젝트 매니저와 AI 활용 컨설턴트 성격을 모두 가진 직업이다.

열째, **AI 기반 창작 감독**이다. 영화, 음악, 소설, 디자인 등 창작 분야에서 AI가 만든 초안을 검토하고, 여기에 인간적 감각과 스토리를 더해 최종 작품을 완성하는 역할이다. 창작 속도를 높이면서도 작품의 개성과 완성도를 유지하는 핵심 직종이다.

이 열 가지 직업은 시작에 불과하다. 앞으로 AI와 함께 등장할 신직업군은 기술 발전 속도에 따라 계속 늘어나고 세분화될 것이다. 중요한 것은, 변화가 다가오기 전에 스스로를 이러한 성장 산업에 맞춰 재설계하는 것이다. 그러면 AI 시대에도 일은 사라지지 않고, 오히려 더 많은 기회가 생길 수 있다.

전환을 위한 학습 전략

AI 시대에 직업 변화를 기회로 바꾸기 위해서는, 단순히 새로운 기술을 배우는 것을 넘어 **전략적 학습 설계**가 필요하다. 변화 속도가 빠른 시대일수록 아무 계획 없이 이것저것 배우다 보면 금세 뒤처지게 된다. 지금 필요한 것은 '무엇을 배울지'보다 '어떻게 배우고, 어떻게 활용할지'를 먼저 정하는 일이다. 이를 위해 첫 번째로 필요한 것은 **자기 진단**이다. 현재 자신의 직무가 AI로 대체될 가능성이 얼마나 되는지, 그리고 기존 역량 중 어떤 부분이 AI 시대에도 유효한지를 객관적으로 평가해야 한다.

이를 바탕으로 버려야 할 역량, 유지해야 할 역량, 새롭게 키워야 할 역량이 구분된다.

둘째, **T자형 역량 구조**를 만드는 것이 중요하다. T자형 역량이란 한 분야에서 깊은 전문성을 갖추되, 여러 분야를 가로지르는 폭넓은 이해를 함께 갖춘 구조를 말한다. 예를 들어, 마케팅 전문가라면 마케팅 전략과 소비자 심리에 대한 깊은 지식 위에 데이터 분석, AI 활용, 디자인 툴 같은 주변 역량을 덧붙이는 식이다. 이렇게 하면 AI가 대체할 수 없는 '융합형 인재'로 성장할 수 있다.

셋째, **AI와 함께 일하는 능력**을 익혀야 한다. 앞으로의 직무는 AI와 경쟁하는 것이 아니라, AI를 활용해 성과를 극대화하는 방향으로 설계된다. 이를 위해서는 생성형 AI 도구를 능숙하게 다루고, 업무에 맞는 프롬프트를 설계하며, AI가 만든 결과물을 빠르게 검토·수정하는 능력이 필요하다. 단순히 도구 사용법을 익히는 것을 넘어, AI가 내놓는 결과의 한계를 이해하고 그 빈틈을 창의적으로 메우는 능력이 핵심이다.

넷째, **지속 가능한 학습 시스템**을 구축해야 한다. 변화 속도가 너무 빠르기 때문에 한 번의 교육이나 자격증 취득으로는 충분하지 않다. 매주 혹은 매달 일정 시간을 학습과 실습에 투자하는 루틴을 만들고, 관련 커뮤니티나 네트워크에 참여해 최신 트렌드와 사례를 공유하는 습관을 가져야 한다. 특히 온라인 강의, 웨비나, AI 기반 학습 플랫폼은 저렴하면서도 최신 지식을 빠르게 습득할 수 있는 좋은 수단이다.

마지막으로, **실전 중심 학습**을 권한다. 이론만 쌓으면 변화에 대응하기 어렵다. 실제 프로젝트를 진행하거나, 사이드 프로젝트를 통해 배운 기술을 바로 써보는 것이 중요하다. 예를 들어, AI 디자인 툴을 배웠다면 작은 브랜드 로고를 직접 만들어 보거나, 데이터 분석 툴을 익혔다면 주변의 간단한 데이터를 분석해보고 결과를 시각화하는 식이다. 실전 경험은 이력서 이상의 신뢰를 준다.

결국 전환을 위한 학습 전략 핵심은 '빨리 배우는 것'이 아니라 **'계속 배우는 것'**이다. 한 번의 변화를 넘는다고 끝이 아니라, 앞으로 닥칠 수많은 변화를 계속해서 기회로 바꿀 수 있는 학습 체력을 기르는 것이 진정한 생존 전략이다.

닫힌 문이 있으면
어딘가에 열린 창이 있다
나는 그 창을 찾아
미래 쪽으로 걸어간다

〈열린 창〉

3장
AI 공포를 넘어 기회로 전환하는 사고법

"위기는 곧 기회다."

존 F. 케네디

많은 사람이 AI를 떠올리면 두려움부터 느낀다. '내 일을 빼앗길까?', '나는 쓸모없는 사람이 되는 건 아닐까?' 하는 불안감이 마음을 짓누른다. 이는 새로운 기술이 등장할 때마다 반복되어 온 인간의 심리다.

그러나 역사 속에서 살아남고 번창한 사람들은 공포에만 머물지 않았다. 그들은 변화를 관찰하고, 그 안에서 기회를 찾아냈다. 위기를 기회로 바꾸는 힘은 바로 '사고법'에서 나온다. AI를 적으로 규정할지, 아니면 함께 성장할 파트너로 볼지는 전적으로 우리 선택에 달려 있다.

이 장에서는 사람들이 흔히 갖는 AI에 대한 세 가지 오해를 짚고, '위기→기회'로 사고를 전환하는 방법을 제안한다. 또한 시나리오 플래닝이라는 강력한 도구를 통해 불확실성을 다루고 기회를 포착하는 5단계 사고 프레임을 소개한다. AI 시대에 두려움이 아닌 가능성을 먼저 보는 시각, 그것이 당신을 앞으로 나아가게 할 것이다.

AI에 대한 3가지 오해

AI가 빠르게 세상을 바꾸면서 사람들 사이에는 불안과 기대가 뒤섞인 수많은 이야기들이 떠돌고 있다. 그러나 그중 상당수는 실제보다 과장되거나 왜곡된 오해에서 비롯된다. 이 오해들은 사람들을 불필요한 공포에 빠뜨리거나, 반대로 잘못된 안도감에 머물게 만든다. AI 시대를 기회로 전환하려면, 먼저 AI를 둘러싼 대표적인 세 가지 오해를 바로잡아야 한다.

첫 번째 오해는 **"AI가 곧 모든 인간의 일을 완전히 대체할 것이다"** 라는 생각이다. 물론 AI는 이미 많은 산업에서 사람보다 빠르고 정확하게 업무를 처리하고 있다. 하지만 모든 직무를 대체하는 것은 불가능하며, 오히려 대부분의 경우 AI는 '완전한 대체자'가 아니라 '협력자'가 된다. 예를 들어 의료 분야에서 AI는 진단 이미지를 분석하는 데 탁월하지만, 환자와 신뢰를 쌓고 복잡한 치료 결정을 내리는 과정은 여전히 인간의 몫이다. 중요한 것은 '어떤 업무를 AI에게 맡기고, 어떤 업무를 스스로 해야 하는지'를 설계하는 능력이다.

두 번째 오해는 **"AI는 스스로 생각하고 판단하는 존재다"**라는 믿음이다. AI는 거대한 데이터와 알고리즘에 기반해 패턴을 분석하고, 주어진 조건에 따라 최적의 결과를 산출한다. 그러나 그것은 인간이 하는 '이해'나 '의식'을 의미하지 않는다. AI가 만들어내는 모든 결과는 학습 데이터의 한계와 편향을 그대로 반영하며, 인간의 가치관이나 윤리적 판단에 맞출 수 없다. 이를 모르면, 우리는 AI가 내놓은 결과를 절대적인 진실처럼 받아들이는 위험에 빠질 수 있다.

세 번째 오해는 **"AI를 쓰려면 전문가 수준의 기술 지식이 필요하다"**는 생각이다. 과거에는 인공지능을 다루기 위해 복잡한 프로그래밍 언어와 수학적 지식을 익혀야 했다. 그러나 오늘날 AI 도구는 사용자 친화적으로 설계되어, 누구나 간단한 명령어와 설정만으로도 고급 기능을 활용할 수 있다. 문제는 기술적 진입 장벽이 아니라, '무엇을 어떻게 물어봐야 원하는 결과를 얻을 수 있는지', 그 질문 설계 능력이다. AI 시대의 경쟁력은 복잡한 코드를 작성하는 능력보다 창의적이고 전략적인 활용 능력에 달려 있다.

이 세 가지 오해를 벗겨내면, AI는 공포의 대상이 아니라 강력한 도구로 보인다. 위협과 기회를 가르는 경계선은 기술 자체가 아니라, 그것을 바라보는 우리의 인식과 태도다. AI를 '두려운 경쟁자'로 볼 것인지, '성장을 가속하는 파트너'로 볼 것인지는 결국 선택의 문제다.

'위기 → 기회'로 바꾸는 질문

AI 시대를 두려움의 시대로 바라보느냐, 새로운 기회의 시대로 바라보느냐는 결국 **어떤 질문을 스스로에게 던지느냐**에 달려 있다. 불안과 공포는 주로 "무엇을 잃게 될까?"라는 질문에서 시작된다. 반대로 도전과 기회는 "이 변화에서 무엇을 얻을 수 있을까?"라는 질문에서 싹튼다. 같은 현실이라도 질문의 방향에 따라 시야가 완전히 달라진다. AI가 내 일자리를 빼앗을지 걱정하는 대신, AI가 내 일을 어떻게 더 가치 있게 만들 수 있을지를 묻는 순간, 가능성의 문이 열린다.

첫 번째로 던져야 할 질문은 **"AI가 대신할 수 없는 나만의 강점은 무엇인가?"**다. 이 질문은 내가 가진 고유한 가치와 차별점을 재발견하게 만든다. 단순한 기술적 능력이나 지식이 아니라 창의성, 관계력, 문제 해결력, 리더십처럼 AI가 쉽게 모방하지 못하는 역량이 무엇인지 구체적으로 파악해야 한다. 이를 명확히 알면, 앞으로의 학습과 경력 설계 방향이 자연스럽게 정해진다.

두 번째 질문은 **"AI를 활용해 지금보다 10배 더 나은 성과를 낼 수 있는 방법은 무엇인가?"**다. AI는 단순히 업무를 자동화하는 데 그치지 않고, 나의 역량을 증폭시키는 '가속 장치'가 될 수 있다. 글을 쓰는 사람이라면 AI를 아이디어 브레인스토밍 도구로 활용하고, 기획자는 시장 조사나 경쟁 분석을 AI에 맡겨 전략 설계에 더 많은 시간을 쏟을 수 있다. 핵심은 AI를 '효율성 도구'에서 '혁신 도구'로 격상시키는 것이다.

세 번째 질문은 **"이 변화가 만들어낼 새로운 기회는 어디에 있는가?"**다. AI로 인해 사라지는 산업만큼이나 새롭게 떠오르는 산업도 많다. AI 교육, 데이터 윤리, 디지털 휴먼, 메타버스 콘텐츠, 맞춤형 헬스케어 등은 불과 몇 년 전만 해도 생소했던 분야지만, 지금은 성장 가능성이 폭발적인 시장이다. 변화의 파도 속에서 기회를 찾으려면, 단순히 지금 하는 일을 지키는 데 집착하지 말고 흐름이 향하는 곳에 먼저 발을 들여야 한다.

질문은 생각을 바꾸고, 생각은 행동을 바꾼다. 그리고 행동이 바뀌면 결과도 바뀐다. AI 시대에 살아남는 사람과 뒤처지는 사람의 차이는 기술 숙련도보다 변화 앞에서 던진 질문의 질에서 비롯된다. 당신이 던지는 질문이 위기와 기회의 경계선을 정한다면, 지금 바로 질문을 바꿔야 한다.

시나리오 플래닝의 힘

AI 시대처럼 변화가 예측 불가능하게 빠른 환경에서 하나의 미래를 가정하고 모든 계획을 세우는 것은 위험하다. 미래가 다르게 전개되면 그 계획은 순식간에 무용지물이 되기 때문이다. 시나리오 플래닝(Scenario Planning)은 이런 불확실성 속에서 유용한 전략 도구다. 시나리오 플래닝이란, 가능한 여러 미래 모습을 미리 그려보고, 각 경우에 어떻게 대응할지를 준비하는 방법이다. 한 가지 결과에만 의존하지 않고 복수의 경로를 준비하는 것이 핵심이다.

AI 시대의 시나리오 플래닝은 '낙관적 미래'와 '비관적 미래' 모두를 포함해야 한다. 예를 들어, 낙관적 시나리오에서는 AI가 내 업무의 70%를 효율적으로 처리해 나머지 시간을 혁신적인 프로젝트나 창의적 작업에 쓸 수 있다. 반대로, 비관적 시나리오에서는 AI가 현재 내 업무의 대부분을 대체해버려 내가 더 이상 경쟁력을 유지하기 어려운 상황이 펼쳐질 수 있다. 두 경우 모두에 대비해 학습 계획, 네트워크 확장, 새로운 수익원 발굴 방안을 마련하는 것이 중요하다.

이 과정에서 중요한 것은 '가능성 범위를 넓히는 것'이다. 너무 현실에만 발을 붙이면 급격한 변화를 놓치게 되고, 반대로 지나치게 미래지향적이면 현재의 실질적 문제를 간과할 수 있다. 따라서 시나리오 플래닝은 현재와 미래, 확실성과 불확실성 사이에서 균형을 잡아야 한다. 특히, 시나리오를 그릴 때는 '변화의 촉발 요인(Driving Forces)'을 명확히 파악하는 것이 중요하다. AI 기술의 발전 속도, 규제 환경, 산업별 채택률, 사회적 수용성 같은 요인들이 미래 방향을 결정한다.

시나리오 플래닝의 진짜 힘은 **행동 계획으로 연결될 때** 발휘된다. 단순히 '이런 미래가 올 수도 있다'고 상상하는 데서 끝나면 의미가 없다. 각 시나리오에 따라 지금부터 취해야 할 구체적 행동을 적어야 한다. 예를 들어, AI가 빠르게 확산되는 시나리오에서는 관련 기술 학습과 협업 프로젝트 참여를 늘리고, 확산이 지연되는 시나리오에서는 기존 업무의 전문성을 강화하며 AI 도입 기회를 선점하는 전략을 세울 수 있다.

결국 시나리오 플래닝은 불안감을 줄이고 변화 앞에서 주도권을 쥘 수 있게 해준다. 미래를 '예측'하는 것이 아니라, 미래를 '준비'하는 것이다. AI 시대의 불확실성을 두려움이 아니라 기회로 바꾸려면, 지금부터라도 나만의 시나리오 지도를 그려야 한다. 그리고 그 지도는 당신이 어떤 선택을 하느냐에 따라 끊임없이 업데이트되어야 한다.

기회를 포착하는 5단계 사고 프레임

AI 시대에 기회를 잡는 사람과 놓치는 사람의 차이는 운이 아니라 사고 구조에서 나온다. 같은 변화 속에서도 누군가는 위협만 보고 움츠러들고, 누군가는 그 안에서 새로운 가능성을 발견해 행동으로 옮긴다. 이를 위해서는 변화 흐름을 체계적으로 해석하고 실행으로 연결하는 사고 프레임이 필요하다. 여기서 제시하는 5단계 프레임은 AI 시대 혼란 속에서 기회를 선별하고 실현하는 데 강력한 도구가 될 수 있다.

1단계: 관찰(Observe)

무엇보다 먼저 변화 징후를 포착해야 한다. AI 관련 뉴스, 신기술 출시, 산업별 AI 도입 사례를 꾸준히 살펴보고, 표면적인 트렌드뿐 아니라 그 배경에 있는 패턴과 맥락을 읽어야 한다. 단순히 기술 정보를 소비하는 것이 아니라, '이 변화가 내 분야에 어떤 영향을 줄 수 있는가?'라는 질문을 곁들여 관찰하는 것이 핵심이다.

2단계: 분석(Analyze)

관찰한 정보를 바탕으로 기회와 위협을 나누어 분석한다. AI가 어떤 업무를 대체하고 어떤 새로운 수요를 만들지 구체적으로 정리해야 한다. 이 과정에서 SWOT 분석(Strengths, Weaknesses, Opportunities, Threats)이나 PEST 분석(Political, Economic, Social, Technological)을 활용하면 변화 구조를 더 명확히 볼 수 있다.

3단계: 연결(Connect)

변화를 나의 강점, 경험, 자원과 연결한다. 예를 들어 AI가 영상 제작 속도를 높여주는 흐름이 관찰됐다면, 영상 편집 경험이 있는 사람은 이를 활용해 더 빠르고 저렴한 서비스를 제공하는 모델을 만들 수 있다. 기술과 나를 연결하는 지점이 곧 기회의 발화점이 된다.

4단계: 실험(Experiment)

기회를 포착했다고 해서 바로 대규모 투자를 할 필요는 없다. 먼저 작게 시험하고 빠르게 피드백을 받는 실험 단계를 거쳐야 한다. AI 기반 도구를 업무에 시범적으로 도입하거나, 새로운 서비스를 소규모로 출시해 반응을 확인하는 것이 그 예다. 실패하더라도 손실이 크지 않게 설계하는 것이 중요하다.

5단계: 확장(Scale)

실험을 통해 검증된 기회는 과감하게 확장해야 한다. AI 도입 범위를 넓히고, 네트워크와 자원을 집중 투입해 시장 점유

율을 확보한다. 이 단계에서는 속도와 실행력이 성패를 가른다. 이미 검증된 아이디어라도 확장 속도가 느리면 경쟁자에게 기회를 빼앗길 수 있다.

이 5단계 프레임은 단순한 순서가 아니라 순환 구조를 가진다. 기회를 잡고 확장한 뒤에도 다시 관찰 단계로 돌아가 새로운 흐름을 살피고, 분석하고, 연결하며, 실험과 확장을 반복하는 것이다. AI 시대에는 한 번의 성공이 영원히 보장되지 않는다. 그러나 이 사고 구조를 습관화하면, 변화의 파도 속에서 지속적으로 새로운 기회를 발견하고 그것을 내 것으로 만들 수 있다.

> 어둠은 빛의 부재일 뿐
> 공포는 이해의 부재일 뿐
> 나는 오늘
> 빛 쪽으로 한 걸음 옮긴다
> 〈한 걸음〉

"기계는 계산할 수 있지만, 상상할 수는 없다."

- 알베르트 아인슈타인

2부

대체 불가능한 핵심 역량

AI가 점점 더 많은 일을 대신하는 시대, '나만 할 수 있는 일'은 무엇일까? 이 질문이야말로 앞으로의 생존과 성장을 가르는 핵심이다. 우리는 종종 기술을 능가하려 애쓰지만, AI는 이미 방대한 데이터와 빠른 연산 속도로 인간을 압도한다. 대신 인간만이 지닌 영역이 있다. 맥락을 이해하는 능력, 전혀 다른 생각을 연결하는 창의성, 사람과 사람을 깊이 잇는 공감과 관계가 그것이다.

이 역량들은 단순한 기술이 아니라, 오랜 시간 경험과 선택, 실패와 성장 속에서 만들어진다. 기계가 학습할 수 없는 감정과 직관, 그리고 '왜'라는 질문에 답하는 힘이 여기에 있다.

2부에서는 이러한 **대체 불가능한 핵심 역량**을 어떻게 발견하고, 어떻게 갈고닦으며, 어떻게 시장에서 가치를 증명할 수 있는지를 다룬다. 이 장을 읽고 나면, AI가 아무리 발전하더라도 당신만의 영역을 잃지 않는 토대를 갖추게 될 것이다.

4장
기계가 흉내 낼 수 없는 인간의 힘

"상상력은 지식보다 더 중요하다."

알베르트 아인슈타인

AI가 아무리 똑똑해져도, 여전히 인간만이 가질 수 있는 능력이 있다. 그것은 단순히 기술의 부재가 아니라, 본질적으로 기계가 '살아본 적 없기' 때문에 가질 수 없는 감각과 통찰이다.

창의력은 서로 무관해 보이는 점을 연결해 완전히 새로운 것을 만들어내는 능력이다. 공감 능력은 상대방의 기분과 상황을 깊이 이해하고 반응하는 힘이다. 통찰력은 데이터가 보여주지 않는 본질을 꿰뚫어보는 눈이다. 그리고 스토리텔링은 감정을 움직여 행동을 이끌어내는 예술이다.

이 장에서는 이 네 가지 인간 고유의 힘이 왜 AI 시대에도 여전히, 아니 오히려 더 중요해지는지를 살펴본다. 그리고 각 역량을 실질적으로 강화하는 방법까지 구체적으로 제시한다. AI 시대일수록 인간다움은 곧 경쟁력이 된다.

창의력: AI가 만들 수 없는 연결

AI가 아무리 발전하더라도, 여전히 인간 고유의 영역으로 남는 것이 있다면 그중 하나가 바로 **창의력**이다. 여기서 말하는 창의력이란 단순히 '새로운 것을 만드는 능력'이 아니다. 전혀 관계없어 보이는 아이디어와 아이디어를 결합해 예상치 못한 방식으로 새로운 가치를 창출하는 능력이다. AI는 방대한 데이터를 기반으로 기존에 존재했던 패턴을 찾아내고, 그 패턴을 재조합하는 데는 탁월하다. 하지만 완전히 새로운 맥락을 만들거나, 현실 제약을 초월하는 발상을 떠올리는 데에는 한계가 있다. 인간의 창의력은 데이터에 없는 '의도'와 '상상력'에서 비롯되기 때문이다.

실제 역사 속 혁신은 대부분 이런 '의외의 연결'에서 시작됐다. 스티브 잡스가 기술과 예술을 결합해 아이폰이라는 새로운 시장을 창출했듯, 창의력은 기존에 존재하던 요소를 다르게 바라보고 새롭게 조합하는 과정에서 발휘된다. AI는 과거 데이터를 학습해 비슷한 결과를 만드는 데 능숙하지만, 기존 데이터

바깥에서 연결을 시도하는 용기와 모험심은 인간의 몫이다. 즉, AI가 제시하는 '가능성의 지도'를 넘어, 그 경계 밖을 탐험하는 것이 인간의 창의력이다.

이러한 창의력은 단순한 영감의 산물이 아니라, **경험의 다양성과 관점의 유연성**에서 자라난다. 다양한 분야를 배우고, 다른 문화와 사람을 경험하며, 실패와 성공을 반복하는 과정에서 우리는 데이터로 표현되지 않는 '느낌'과 '맥락'을 얻게 된다. 이는 AI가 아무리 많은 데이터를 학습하더라도 동일하게 재현할 수 없는 영역이다. 예를 들어, 한 요리사가 새로운 메뉴를 개발할 때 단순히 맛의 조합만 계산하는 것이 아니라, 손님이 느낄 감정, 계절 분위기, 그 순간의 스토리를 함께 담아내는 것처럼 말이다.

AI 시대의 창의력은 무작정 새로운 것을 발명하는 데 있지 않다. 오히려 AI가 만들어낸 수많은 결과물 속에서 **가장 가치 있는 연결을 찾아내고, 그 연결을 사람들 삶 속에 의미 있게 녹여내는 것이** 핵심이다. 기계는 수천 가지 시안을 제시할 수 있지만, 그중 어떤 것이 사람의 마음을 움직이고 세상을 바꾸는 방향으로 작동할지는 인간이 선택한다. 창의력은 '많은 가능성 중에서 옳은 하나를 고르고, 그것을 현실로 구현하는 능력'이자, AI가 흉내 낼 수 없는 인간만의 힘이다.

공감 능력: 관계를 지탱하는 힘

AI가 인간의 언어를 이해하고, 표정을 분석하며, 감정을 예측하는 기술은 눈부시게 발전했다. 그러나 아무리 정교한 알고리즘이라도 **진짜 공감**을 구현할 수는 없다. 공감은 단순히 상대의 감정을 '인식'하는 것이 아니라, 그 감정을 **함께 느끼고 반응하는 경험적 행위**이기 때문이다. AI는 감정 패턴을 데이터로 분석해 '적절한' 반응을 보일 수 있지만, 그 반응은 어디까지나 계산된 결과다. 진심에서 비롯된 울림은 인간만이 줄 수 있다.

공감 능력은 관계를 지탱하는 핵심 동력이다. 직장에서든, 가정에서든, 사회 전반에서든 신뢰는 공감에서 시작된다. 예를 들어 고객 상담에서 문제가 발생했을 때, AI는 정해진 스크립트를 따라 빠르고 정확하게 대응할 수 있다. 하지만 고객이 느낀 불편과 불안, 그리고 그 뒤에 숨은 감정을 읽고 진심으로 사과하며 안심시키는 것은 사람의 몫이다. 이런 순간에 형성된 신뢰는 단순한 문제 해결 이상의 가치를 만든다.

공감 능력은 또한 갈등 해결에서 중요한 역할을 한다. 서로 다른 이해관계가 충돌할 때, 상대 입장을 깊이 이해하고 그 감정을 존중하는 태도는 대립을 협력으로 바꾸는 첫걸음이다. AI는 갈등 상황을 분석하고 최적의 합의안을 제시할 수 있지만, 합의안을 받아들이도록 만드는 '관계의 온도'를 조율하는 것은 인간의 감정 지능이다. 공감은 상대방이 스스로 마음을 열도록 만드는 힘이며, 이는 단순한 정보 교환으로는 얻을 수 없는 효과다.

AI 시대의 공감 능력은 단순히 '따뜻한 마음씨'를 의미하지 않는다. 오히려 그것은 **전략적 자산**이 된다. 기술이 모든 것을 빠르고 정확하게 처리하는 시대일수록 사람들은 인간적인 연결과 이해를 더욱 갈망한다. 즉, 공감은 경쟁력이고, 그 경쟁력은 기술이 아닌 사람에게서 나온다. AI가 아무리 발전해도 사람의 마음을 깊이 울리는 순간은 여전히 인간이 만들어낼 수밖에 없다.

통찰력: 데이터 너머를 보는 눈

AI는 방대한 데이터를 분석해 숨겨진 패턴을 찾아내는 데 탁월하다. 그러나 데이터에서 드러나는 숫자와 그래프만으로는 **미래를 정확히 예측하거나 본질을 꿰뚫는 판단**을 내릴 수 없다. 통찰력은 데이터가 제공하지 않는 맥락과 의미를 읽어내고, 그 속에서 새로운 가능성을 발견하는 능력이다. AI가 '무엇이 일어났는지'를 설명할 수 있다면, 인간의 통찰력은 '왜 일어났는지', 그리고 '앞으로 무엇이 일어날지'를 그려낸다.

통찰력은 단순히 많은 정보를 아는 데서 생기지 않는다. 오히려 다양한 경험과 관찰, 실패와 성찰의 누적에서 길러진다. 한 예로, 두 기업이 동일한 시장 분석 보고서를 받더라도, 한쪽은 단순히 '수요가 줄고 있다'는 결론만 내리고, 다른 한쪽은 '왜 소비자들 관심이 다른 카테고리로 이동했는지'를 읽어낸다. 그리고 후자는 그 흐름을 반영해 신제품을 기획하거나 비즈니스 모델을 재설계한다. 이 차이가 곧 경쟁력의 차이다.

AI 시대에 통찰력이 중요한 이유는, 기술이 아무리 정밀해도 결국 데이터는 과거에 기반한다는 한계 때문이다. 데이터에 없는 미래 변화, 사회적·문화적 트렌드, 인간의 심리 변화는 통계로 완벽하게 포착되지 않는다. 예를 들어, AI가 고객의 구매 패턴을 분석해 다음 시즌의 인기 색상을 예측할 수 있지만, 문화와 예술, 정치적 흐름이 미묘하게 얽혀 만들어지는 '유행의 방향'까지 예측하기는 어렵다. 그 맥락을 이해하고 방향을 제시하는 것이 인간의 통찰력이다.

통찰력은 또한 **불확실성 속에서 결정을 내리는 힘**이다. 완벽한 데이터가 없더라도, 제한된 정보와 직관을 결합해 실행 가능한 전략을 선택하는 능력이다. 이는 경험과 직감, 그리고 다양한 분야에서 쌓은 지식의 융합에서 나온다. AI는 '가장 확률이 높은 선택'을 제안할 수 있지만, 최종적으로 '그 선택을 할지 말지'를 판단하는 것은 인간의 몫이다.

결국 통찰력은 데이터의 한계를 넘어설 수 있는 유일한 무기다. AI가 빠르고 정확하게 길을 보여줄 수 있지만, 그 길이 정말 목적지로 가는 길인지, 혹은 더 나은 길이 있는지는 통찰력이 결정한다. 데이터 너머를 볼 수 있는 눈을 가진 사람만이 AI 시대에도 방향을 잃지 않는다.

스토리텔링: 기억에 남는 메시지

AI는 정보를 전달하는 데 뛰어나지만, **사람의 마음을 움직이는 이야기**를 만드는 데에는 한계가 있다. 스토리텔링은 단순히 사실을 나열하는 것이 아니라, 그 사실 속에 감정과 의미를 담아 청중이 스스로 몰입하게 만드는 과정이다. 이는 데이터와 논리를 넘어서는 영역이며, AI가 아무리 세련된 문장을 만들더라도 '살아 있는 이야기'의 생생함을 완벽하게 재현하기는 어렵다.

좋은 스토리텔링은 청중의 경험과 감정을 연결한다. 예를 들어, 단순히 "이 제품은 품질이 뛰어납니다"라고 말하는 것보다, "이 제품은 한 아버지가 매일 새벽 가족을 위해 빚어낸 노력의 결과입니다"라는 이야기가 더 오래 기억에 남는다. AI는 이런 서사를 기계적으로 구성할 수 있지만, 그 서사 속에서 느껴지는 진정성과 뉘앙스는 인간의 경험과 시선에서 비롯된다. 이야기를 듣는 사람은 그 안에서 자신의 삶과 감정을 투영하고, 그 순간 메시지는 단순한 정보가 아니라 '나만의 이야기'가 된다.

스토리텔링은 또한 복잡한 아이디어를 단순하고 설득력 있게 전달하는 힘을 가진다. 기술적인 개념이나 방대한 데이터를 그대로 전달하면 청중은 금세 흥미를 잃는다. 그러나 이를 인물, 갈등, 변화라는 서사의 기본 구조에 맞춰 풀어내면 청중은 끝까지 귀를 기울인다. 예를 들어 AI 기술의 발전을 설명할 때, 단순한 연도별 성과표 대신 한 개발자의 실패와 도전, 그리고 성공 과정을 담은 이야기를 들려주면, 청중은 기술뿐 아니라 그 기술 뒤에 있는 사람의 노력까지 기억한다.

AI 시대일수록 스토리텔링 가치는 오히려 더 커진다. 기술과 데이터가 넘쳐나는 환경에서 사람들 주목을 받고 마음을 움직이려면, 단순한 정보 전달 이상의 것이 필요하다. 그것이 바로 의미를 부여하는 이야기다. 결국, 기억에 남는 메시지는 기술이 아니라 이야기에서 나오고, 그 이야기는 여전히 인간이 가장 잘 만드는 예술이다.

> 기계는 계산을 한다
> 나는 기억을 남긴다
> 기계는 답을 준다
> 나는 의미를 만든다
>
> 〈사람의 힘〉

5장
전략적 사고와 문제 해결력

"사람들은 당신이 한 말을 잊지만,
당신이 준 감정은 오래 기억한다."

마야 안젤루

문제 해결의 출발점은 '문제를 제대로 보는 것'이다. 많은 조직과 개인이 실패하는 이유는 실행력이 부족해서가 아니라, 잘못된 문제를 풀고 있기 때문이다.

AI 시대의 전략적 사고는 단순한 분석 능력을 넘어선다. 수많은 데이터와 가능성 속에서 본질적인 질문을 던지고, 복잡한 상황을 단순하게 재구성하며, 실행 가능한 로드맵으로 전환하는 능력이 핵심이다.

이 장에서는 'WHY→WHAT→HOW'라는 사고법을 통해 문제 정의에서 실행까지 이어지는 전략적 흐름을 제시한다. 또한 복잡성을 줄이는 방법, 실행력을 높이는 계획 수립 기법까지 다룬다. 전략 없이 뛰어드는 실행은 소모전일 뿐이지만, 전략적 실행은 변화를 만든다.

문제를 정의하는 기술

AI 시대에 전략적 사고와 문제 해결력의 출발점은 **정확한 문제 정의**다. 많은 사람들이 문제 해결을 이야기할 때, 해결 방법과 도구부터 찾으려는 경향이 있다. 하지만 잘못 정의된 문제는 아무리 정교한 해결책을 적용해도 원하는 결과를 얻기 어렵다. 오히려 엉뚱한 방향으로 자원을 낭비하게 만들고, 새로운 문제를 만들어내기도 한다. 문제 정의는 단순히 '무엇이 잘못됐는가'를 묻는 것이 아니라, '진짜로 풀어야 하는 것이 무엇인가'를 찾아내는 과정이다.

정확한 문제 정의를 위해서는 **표면적 증상과 근본 원인을 구분**해야 한다. 예를 들어, 회사 매출이 하락했다고 해서 곧바로 마케팅 예산을 늘리는 것이 정답일까? 매출 하락은 단지 결과일 뿐, 원인은 제품 경쟁력 저하, 고객 경험의 불만족, 시장 트렌드 변화 등일 수 있다. 이때 AI 분석 도구는 방대한 데이터를 통해 원인 후보를 제시할 수 있지만, 어떤 요인이 핵심 원인인지 판단하는 데는 인간의 통찰이 필요하다. 문제를 잘못 규정하면 해결책도 잘못된 방향으로 흘러간다.

문제를 정의하는 과정에서 중요한 것은 **관점의 다양성**이다. 한 명의 시선으로 본 문제와, 여러 사람의 시선이 모여서 본 문제는 다르다. 내부 직원, 고객, 파트너, 경쟁사 등 다양한 이해관계자 시각을 종합해야 한다. AI가 다양한 데이터를 분석해주는 시대에도 이 데이터를 해석하는 사람의 시선이 편향되면 문제 정의는 왜곡될 수 있다. 따라서 문제 정의 단계에서 열린 질문을 던지고 다른 관점에서 바라보려는 태도가 필수적이다.

마지막으로, 문제 정의는 정적(靜的)인 작업이 아니라 **진화하는 과정**임을 깨닫자. 환경이 변하면 문제 성격도 변하고, 처음에 정의한 문제도 시간이 지나면 수정이 필요하다. 특히 AI 시대처럼 변화 속도가 빠른 환경에서는 주기적으로 문제 정의를 재검토하고 업데이트하는 습관이 필요하다. 이는 문제 해결의 효율성을 높이고 불필요한 시도를 줄이는 지름길이다.

결국, 문제 정의는 전략적 사고의 첫 단추다. 첫 단추를 잘못 끼우면 이후의 모든 과정이 어긋나듯, 잘못된 문제 정의는 어떤 도구와 전략도 무용지물로 만든다. 반대로, 올바른 문제 정의는 그것만으로도 해결책을 절반 이상 찾아낸 것과 같다. AI 시대의 경쟁력은 기술보다 먼저, **문제를 정확히 보는 눈**에서 시작된다.

'WHY→WHAT→HOW' 사고법

효과적인 문제 해결과 전략 수립을 위해서는 순서를 지키는 사고가 필요하다. 많은 사람들이 새로운 프로젝트나 과제를 시작할 때 곧바로 방법(HOW)부터 찾는다. 어떤 도구를 써야 할지, 어떤 절차를 밟아야 할지에 몰두하는 것이다. 그러나 전략적 사고를 하는 사람은 반드시 WHY(왜) → WHAT(무엇을) → HOW(어떻게)의 순서를 따른다. 이 흐름은 단순한 논리 구조가 아니라, 문제의 본질과 실행 계획을 연결하는 핵심 원칙이다.

먼저, WHY(왜) 단계는 목적과 필요성을 명확히 하는 과정이다. '왜 이 일을 해야 하는가?'라는 질문은 단순한 동기 확인이 아니라, 모든 행동의 방향을 정하는 나침반이다. 예를 들어 AI 도입 프로젝트를 진행한다고 했을 때, WHY는 '업무 효율성을 높이기 위해서'일 수도 있고, '새로운 시장 기회를 창출하기 위해서'일 수도 있다. 목적이 다르면 전략도 달라지기 때문에, WHY를 정확히 정의하지 않으면 이후 모든 단계가 흔들린다.

다음으로 WHAT(무엇을) 단계는 목표를 구체적으로 설정하는 과정이다. WHY가 방향을 제시했다면, WHAT은 그 방향으로 가기 위해 정확히 무엇을 달성해야 하는지를 결정한다. 예를 들어 '고객 경험 개선'이라는 WHY가 있다면, WHAT은 '챗봇 응답 속도를 2초 이내로 줄인다'처럼 측정 가능한 목표로 바꿔야 한다. 이 단계에서 목표는 반드시 명확하고, 측정 가능하며, 실행 가능해야 한다. 그렇지 않으면 HOW 단계에서 혼란이 생긴다.

마지막으로, HOW(어떻게) 단계에서 실행 계획을 구체화한다. 이때 비로소 어떤 도구를 쓸지, 어떤 인력을 투입할지, 어떤 절차를 밟을지를 결정한다. 많은 사람들이 HOW를 먼저 고민하다가 WHY와 WHAT이 불명확해 실행 중간에 방향을 잃는다. 하지만 WHY와 WHAT이 명확하면 HOW는 자연스럽게 도출된다. HOW는 실행 효율성을 높이는 도구일 뿐, 방향을 정하는 나침반이 될 수 없다.

이 사고법의 강점은, 단기적 문제 해결뿐 아니라 장기적인 전략 설계에도 적용 가능하다는 점이다. WHY를 통해 목적을 분명히 하고, WHAT으로 목표를 구체화하며, HOW로 실행력을 확보하는 이 구조는 AI 시대의 빠른 변화 속에서도 흔들리지 않는 의사결정 틀을 제공한다. 결국, WHY→WHAT→HOW의 순서를 습관화하는 것은 전략적 사고를 체질화하는 가장 간단하면서도 강력한 방법이다.

복잡한 문제를 단순화하는 방법

AI 시대에는 우리가 마주하는 문제가 점점 더 복잡해지고 있다.

기술, 시장, 규제, 소비자 행동이 얽히면서 단일 요인만으로 설명할 수 없는 상황이 많아졌다. 이런 복잡성을 그대로 두면, 문제는 점점 더 커지고 해결 시도는 방향을 잃는다. 따라서 전략적 사고를 위해서는 **복잡한 문제를 단순화하는 기술**이 필수다. 단순화란 문제의 중요 요소를 남기고 불필요한 요소를 걷어내는 과정이며, 이를 통해 핵심에 집중할 수 있다.

첫 번째 단계는 **문제를 작은 단위로 쪼개는 것**이다. 거대한 문제를 그대로 마주하면 어디서부터 시작해야 할지 감이 오지 않는다. 예를 들어, "조직 전체의 생산성을 높인다"라는 목표는 너무 추상적이다. 이를 '회의 시간 단축', '불필요한 보고 절차 개선', '협업 툴 활용도 향상'처럼 세부 과제로 나누면 각 영역에서 실행 가능한 해법이 보인다. AI 도구 역시 이렇게 세분화된 과제를 처리하는 데 훨씬 효율적이다.

두 번째 단계는 **핵심 원인에 집중하는 것**이다. 모든 요소를 동시에 해결하려고 하면 자원과 시간이 분산된다. 복잡한 문제에는 반드시 '레버리지 포인트', 즉 결과에 가장 큰 영향을 미치는 요인이 존재한다. 이를 찾기 위해서는 데이터 분석과 현장 관찰을 병행해야 한다. AI 분석은 수많은 변수 중 상관관계가 높은 요인을 제시할 수 있지만, 그 요인이 진짜 원인인지 여부는 인간이 판단해야만 한다.

세 번째 단계는 **시각화와 모델링**이다. 머릿속에만 문제를 담아두면 복잡함이 해소되지 않는다. 흐름도, 인과 관계도, 우선순위 매트릭스를 활용하면 문제 구조를 한눈에 볼 수 있다. 이렇게 시각화하면 불필요한 부분을 제거하고, 핵심 경로에 집중하는 전략을 세우기 쉽다. AI 기반 시각화 툴을 활용하면 데이터와 프로세스를 실시간으로 업데이트하면서 문제 해결 과정을 가속화할 수 있다.

마지막 단계는 **의사결정 기준을 명확히 하는** 것이다. 복잡한 문제는 다양한 해결책을 제시하지만, 선택 기준이 없으면 혼란만 커진다. 해결책 효과, 비용, 실행 가능성을 평가하는 명확한 프레임을 설정하면 선택 속도가 빨라지고, 결정에 대한 확신도 커진다. 단순화는 선택을 쉽게 만드는 것이며, 결국 이는 실행력으로 이어진다.

복잡한 문제를 단순하게 바라보는 능력은 AI 시대에도 변하지 않는 경쟁력이다. 문제를 단순화하면 본질이 드러나고, 본질이 드러나면 실행이 쉬워진다. 결국, 복잡함을 줄이는 것은 문제를 해결하는 절반 이상의 과정이다.

전략적 실행 계획 세우기

전략적 사고의 마지막 단계는 **실행 계획을 구체화하는** 것이다.

많은 사람들이 좋은 아이디어를 가지고도 실행 단계에서 무너진다. 이유는 간단하다. 계획이 추상적이어서 행동으로 옮기기 어렵기 때문이다. 전략적 실행 계획은 단순한 '할 일 목록'이 아니라, 목표를 달성하기 위한 경로와 자원 배분, 일정, 성과 측정 기준을 모두 포함하는 종합 설계도여야 한다.

첫 번째로, **우선순위 설정**이 필요하다. 전략적 실행에서는 모든 것을 동시에 진행할 수 없다. 목표 달성에 가장 큰 영향을 미치는 핵심 과제부터 착수해야 한다. 이를 위해 파레토 법칙(20%의 중요한 행동이 80% 결과를 만든다)을 적용하거나, 영향도와 긴급성을 기준으로 과제를 분류하는 매트릭스를 사용할 수 있다.

두 번째로, **자원 배분**을 명확히 해야 한다. 자원은 사람, 시간, 예산, 기술을 모두 포함한다. 계획 단계에서 각 자원이 언제, 얼마나 필요한지를 구체적으로 배치하지 않으면 실행 중간에 병목 현상이 발생한다. 특히 AI를 도입하는 프로젝트라면, 기술 인프라와 인력 교육에 대한 투자를 초기부터 포함시켜야 한다.

세 번째로, **성과 측정 기준(KPI)**을 설정해야 한다. KPI는 단순히 결과를 측정하는 지표가 아니라, 진행 상황을 모니터링하고 조기 경고 신호를 감지하는 역할을 한다. 예를 들어 고객 만족도 향상이라는 목표라면, NPS(Net Promoter Score), 재구매율, 클레임 감소율 같은 구체적 지표를 설정해야 한다. AI 도구를 활용하면 이러한 지표를 실시간으로 수집·분석해 신속하게 의사결정을 내릴 수 있다.

마지막으로, **피드백과 조정 프로세스**를 계획에 포함해야 한다. 실행 과정에서 예상치 못한 변수와 장애물이 나타나는 것은 피할 수 없다. 중요한 것은 이를 빠르게 감지하고, 계획을 유연하게 수정할 수 있는 구조를 만드는 것이다. 정기적인 회고 미팅과 데이터 기반 검토를 통해 전략의 유효성을 점검하고, 필요하면 방향을 바꾸어야 한다.

전략적 실행 계획은 한 번 세우고 끝나는 문서가 아니다. 환경 변화와 실행 과정에서의 피드백에 따라 계속 진화해야 한다. 계획은 지도이고, 실행은 항해다. 지도는 바뀌는 해류와 날씨를 반영해 업데이트되어야 하며, 그럴 때 비로소 목적지에 도달할 수 있다. AI 시대의 실행 계획도 마찬가지다. 변화의 속도를 고려해 끊임없이 수정하고 최적화하는 계획만이 전략적 가치를 발휘한다.

길이 보이지 않을 때
나는 지도를 그린다
그 지도가
나를 다음 계단으로 올린다
〈지도〉

6장
관계·네트워크·협업 역량의 진화

"당신의 네트워크가 곧 당신의 넷 워스(net worth)다."

포터 게일

AI 시대의 네트워킹은 단순한 명함 교환이나 팔로워 수 늘리기가 아니다. 기계가 할 수 없는 '신뢰 기반의 연결'을 만드는 것이 핵심이다. 과거에는 많은 사람을 아는 것이 강점이었다면, 이제는 적은 인맥이라도 깊이 있고 상호 의존적인 관계를 구축하는 것이 더 큰 힘을 발휘한다.

협업 역시 달라지고 있다. AI가 단순 작업과 데이터 분석을 맡으면서 인간은 창의적 의사결정과 감성 조율에 집중하게 된다. 팀워크 성공 여부는 기술이 아니라 '사람 사이의 에너지 흐름'을 어떻게 설계하느냐에 달려 있다.

이 장에서는 관계의 가치를 새롭게 정의하고, AI 시대에 필요한 네트워킹 전략과 협업에서 차별화되는 세 가지 포인트를 짚는다. 나아가 이런 관계를 단순한 연결이 아니라 '기회의 자산'으로 전환하는 방법을 소개한다.

관계의 가치 재정의

AI 시대에는 '관계'의 의미와 가치가 근본적으로 달라지고 있다. 과거에는 관계를 주로 물리적 만남과 오프라인 네트워크를 통해 구축했다. 하지만 지금은 디지털 플랫폼과 AI 도구가 관계 형성과 유지 방식까지 바꾸고 있다. 과거의 관계가 주로 '얼마나 많은 사람을 아는가'에 초점이 맞춰졌다면, AI 시대의 관계는 '얼마나 깊고 의미 있는 연결을 만들 수 있는가'가 핵심이 된다. 단순히 명함을 교환하거나 SNS 친구를 늘리는 것은 관계의 시작일 뿐, 진정한 가치는 그 연결을 통해 상호 신뢰와 가치를 창출할 때 생긴다.

AI와 디지털 네트워크의 확장은 물리적 한계를 없앴다. 이제 한 번도 직접 만나지 않은 사람과도 깊이 있는 관계를 형성할 수 있다. 예를 들어, 전 세계 다른 나라에 있는 전문가와 온라인 협업을 하고 프로젝트를 함께 완성하는 것이 일상이 됐다. 그러나 이와 동시에 관계의 '밀도'가 약해지는 위험도 존재한다. 연결은 많지만 실질적 상호작용이 부족한 '얕은 관계'가 양산되기 쉽다. AI가 연락을 자동화하고 인맥 관리까지 지원하지만, 관계를 진짜로 '살아 있는 연결'로 만드는 것은 여전히 인간의 역할이다.

관계의 가치가 재정의되는 이유는, 변화의 시대일수록 **신뢰와 협력이 새로운 경쟁력**이 되기 때문이다. 기술이 모든 사람에게 동일하게 주어지는 상황에서, 나를 차별화하는 힘은 결국 사람과 사람 사이에서 나온다. 중요한 정보, 새로운 기회, 혁신적 아이디어는 신뢰를 기반으로 한 네트워크를 통해 가장 먼저 전달된다. AI가 데이터를 분석해 시장 트렌드를 보여줄 수는 있지만, 실제로 그 트렌드를 실현할 파트너를 소개해주는 것은 사람의 관계망이다.

결국 AI 시대의 관계는 '넓이'보다 '깊이', '속도'보다 '지속성'이 중요하다. 관계를 가볍게 소비하는 대신, 신뢰를 쌓고 장기적인 협력 가능성을 키워가는 것이 핵심이다. 이를 위해서는 단순한 정보 교환이 아니라, 서로의 목표와 가치를 이해하고 존중하는 태도가 필요하다. AI는 관계 형성의 도구일 수 있지만, 관계 자체의 본질은 여전히 인간이 만들어가는 것이다.

AI 시대의 네트워킹 방식

AI 시대의 네트워킹은 과거의 전형적인 방식과는 전혀 다른 차원으로 진화하고 있다. 과거에는 네트워킹이라 하면 주로 업계 행사, 컨퍼런스, 세미나 등 물리적 공간에서 명함을 주고받고 대화를 나누는 형태였다. 하지만 지금은 디지털 플랫폼과 AI 기술이 결합하면서 네트워킹의 시공간적 제약이 거의 사라졌다. 이제는 동일한 분야의 전문가를 찾기 위해 비행기를 탈 필요 없이, AI 기반 추천 알고리즘과 글로벌 협업 플랫폼을 통해 몇 분 만에 연결할 수 있다.

그렇듯 AI는 네트워킹의 효율성을 극대화한다. 예를 들어 AI는 내 프로필과 관심사, 과거 프로젝트 이력을 분석해 협력 가능성이 높은 사람을 추천한다. 심지어 상대방의 최근 활동, 발언, 전문 분야를 미리 정리해주어 첫 대화에서 필요한 배경 정보를 완벽히 제공한다. 이를 통해 네트워킹의 진입 장벽이 낮아지고, 대화를 시작하는 시간이 단축된다. 그러나 이 편리함은 한 가지 함정을 만든다. AI가 제공하는 정보와 연결 추천만 믿고 깊이 있는 관계 구축 과정을 생략하면, 네트워크는 빠르게 확장되지만 그만큼 쉽게 끊어질 수도 있다.

또한 AI 시대의 네트워킹은 **전략적 설계**가 가능하다. 내가 목표로 하는 산업, 프로젝트, 기술 분야에 따라 필요한 인적 자원을 역으로 분석하고, 그에 맞춰 인맥을 확장하는 방식이다. 예를 들어 스타트업 창업자가 투자 유치를 목표로 한다면, AI 분석 툴을 통해 자금 조달 가능성이 높은 투자자 리스트를 만들고, 그들의 투자 성향과 포트폴리오를 파악한 뒤 맞춤형 접근 전략을 세울 수 있다.

그렇다고 해서 네트워킹의 본질이 변한 것은 아니다. 기술이 아무리 발전해도 사람은 여전히 신뢰를 기반으로 관계를 맺는다. AI가 연결을 '시작'하게 해줄 수는 있지만, 관계를 '유지'하고 '심화'시키는 것은 사람의 몫이다. 따라서 AI 시대의 네트워킹은 기술적 도구와 인간적 접근을 적절히 결합하는 것이 핵심이다. 기술이 만든 빠른 연결을, 인간적 대화와 지속적 교류로 깊게 다져야만 진정한 가치가 생긴다.

협업에서 차별화되는 3가지 포인트

AI 시대의 협업은 단순히 '여러 사람이 함께 일하는 것'을 넘어 서로의 역량과 자원을 최적화해 시너지를 극대화하는 과정이다. 그러나 모든 협업이 동일한 가치를 만들어내는 것은 아니다. 특히 AI가 업무의 많은 부분을 자동화하는 시대일수록 협업의 질과 방식에서 차별화가 필요하다. 여기서 핵심은 **속도보다**

방향, 기능보다 조화, 그리고 성과보다 관계라는 세 가지 포인트다.

첫째, **속도보다 방향**이다. AI 덕분에 협업 속도는 과거보다 훨씬 빨라졌다. 하지만 속도만을 추구하다 보면, 방향이 잘못 설정된 채 더 빠르게 잘못된 길로 갈 위험이 크다. 효과적인 협업은 시작 단계에서 목표와 역할을 명확히 정의하고, 팀 전체가 같은 '큰 그림'을 공유하는 데서 출발한다. AI 도구는 진행 상황을 추적하고 피드백을 빠르게 제공할 수 있지만, '무엇을 위해 협업하는가'라는 근본적 질문에는 사람만이 답할 수 있다.

둘째, **기능보다 조화**다. 협업 팀은 각자의 전문성을 기반으로 구성되지만, 그 역량이 잘 어우러져야 성과가 극대화된다. AI가 팀원별 강점과 약점을 분석해 업무를 배분할 수 있지만, 사람들 사이의 감정, 신뢰, 소통 방식은 데이터로만 측정할 수 없다. 서로의 차이를 이해하고 존중하는 태도가 있을 때, AI가 설계한 협업 구조는 비로소 살아 움직인다.

셋째, **성과보다 관계**다. 프로젝트가 끝나면 성과는 기록으로 남지만, 관계는 다음 기회를 만든다. AI 시대의 경쟁력은 단기 성과보다 장기적으로 함께할 수 있는 '신뢰 네트워크'에서 나온다. 이번 협업에서 쌓인 긍정적 경험과 신뢰는 다음 프로젝트에서 더 빠르고 창의적인 결과를 가능하게 한다. AI는 프로젝트 성과를 수치화해 보여줄 수 있지만, 사람과 사람 사이의 신뢰와 호감은 오직 인간적 상호작용을 통해 형성된다.

결국 AI 시대의 협업 차별화는 기술적 도구의 효율성과 인간적 연결의 따뜻함을 균형 있게 결합하는 데 있다. 속도를 추구하되 방향을 잃지 않고, 기능적 분업 속에서도 조화를 중시하며, 단기 성과를 넘어 장기적 관계를 구축하는 것이 진정한 경쟁력이다.

미래 협업의 핵심 원칙

미래의 협업은 '사람 + AI'라는 새로운 조합을 전제로 한다. 과거에는 사람이 모든 것을 직접 수행하며 협업의 모든 과정을 관리했지만, 이제는 AI가 데이터 분석, 일정 관리, 아이디어 제안, 심지어 초안 작성까지 맡아주는 환경이 보편화되고 있다. 이런 변화 속에서 협업의 본질은 '누가 더 많은 일을 하는가'가 아니라, '**사람과 AI가 함께 더 나은 결과를 만들어내는 방법을 어떻게 설계하는가**'로 이동한다.

첫 번째 원칙은 **역할의 재정의**다. AI가 할 수 있는 일과 사람이 반드시 해야 하는 일을 명확히 구분해야 한다. 반복적이고 정형화된 업무는 AI가 맡고, 판단과 창의성, 감정적 통찰이 필요한 영역은 사람이 담당한다. 이렇게 역할을 재정의하면, AI는 보조자가 아니라 진정한 협력 파트너로 기능하게 된다.

두 번째 원칙은 **투명한 소통**이다. 협업에서 정보의 불균형은 갈등의 씨앗이 된다. AI가 제공하는 데이터와 분석 결과를 팀 전체가 공유하고, 이를 바탕으로 의사결정 과정이 명확히 기록되도록 해야 한다. 이렇게 하면 팀원들이 동일한 이해를 가진 상태에서 움직일 수 있고, AI의 판단 로직에 대한 불신도 최소화된다.

세 번째 원칙은 **관계의 지속성**이다. 프로젝트가 끝난 후에도 연결이 유지되는 구조를 만드는 것이 중요하다. 이를 위해 협업의 마지막 단계에는 '성과 공유'뿐 아니라 '경험 공유'가 포함되어야 한다. AI가 기록한 프로젝트 데이터와 함께 팀원들이 느낀 점과 배운 점을 함께 나누면, 관계가 단순한 업무 관계를 넘어 장기적 파트너십으로 발전한다.

마지막으로, **학습하는 협업**이 필요하다. AI는 협업 과정에서 얻은 데이터를 분석해 다음 프로젝트의 효율성을 높일 수 있지만, 사람도 협업 경험에서 끊임없이 배우고 성장해야 한다. 기술의 발전 속도가 아무리 빨라져도 학습하고 적응하는 인간 역량이 뒷받침되지 않으면 협업은 피상적 수준에 머물 수밖에 없다.

미래 협업의 성공 여부는 결국 **기술과 인간성의 균형**에 달려 있다. AI가 만들어주는 속도와 효율, 그리고 사람이 주는 의미와 신뢰가 결합할 때, 협업은 단순한 작업 분담을 넘어 새로운 가치를 창출하는 창의적 장으로 변모한다.

관계를 기회로 만드는 법

AI 시대에도 변하지 않는 진리는, 기회는 결국 사람에게서 온다는 사실이다. 기술이 아무리 발달해도 새로운 일자리·프로젝트·사업 기회는 대체로 '관계'라는 네트워크 속에서 흘러들어온다. 그러나 단순히 많은 사람을 아는 것만으로는 부족하다. 중요한 것은 관계의 질이며, 이 질이 곧 기회의 크기와 깊이를 결정한다.

관계를 기회로 만들려면 먼저 **신뢰를 쌓는 것**이 최우선이다. AI가 메시지를 대신 작성해주고, 알고리즘이 추천 인맥을 연결해줄 수는 있지만, 사람과 사람 사이의 신뢰는 시간이 만드는 것이다. 말과 행동의 일관성, 약속을 지키는 태도, 어려울 때 보여주는 진심이야말로 관계를 기회로 전환하는 토대가 된다.

다음으로 중요한 것은 **상호가치 창출**이다. 일방적으로 도움만 받는 관계는 오래가지 못한다. 상대방이 필요로 하는 정보를 제공하거나, 그들의 목표 달성에 도움을 주는 방식으로 관계를 설계해야 한다. 이런 상호성은 시간이 지날수록 관계를 단단하게 만들고, 결과적으로 더 큰 기회를 불러온다.

또 하나의 전략은 **기회를 먼저 건네는 것**이다. 많은 사람들은 좋은 기회가 오기를 기다리지만, 먼저 기회를 제공하는 사람에게는 자연스럽게 더 많은 제안과 제휴가 돌아온다. 작은 제안일지라도 '당신을 생각해서' 건넨 기회는 관계를 새로운 단계로 끌어올리는 촉매제가 된다.

마지막으로, **관계를 장기적으로 관리하는 습관**이 필요하다. AI 도구를 활용하면 생일·기념일·프로젝트 완료 시점 등을 자동으로 기록하고 알림을 받을 수 있다. 이를 바탕으로 적절한 시기에 안부를 전하고 최근 소식을 공유하면 관계는 끊기지 않고 이어진다. 이러한 작은 관리가 쌓여 예상치 못한 순간에 큰 기회로 돌아온다.

결국, 관계를 기회로 만드는 것은 운이 아니라 설계의 결과다. 신뢰, 상호성, 선제적 행동, 장기적 관리라는 네 가지 원칙을 꾸준히 실천한다면, AI 시대에도 사람을 통한 기회의 문은 항상 열려 있을 것이다.

> 혼자 가면 빨리 간다
> 함께 가면 멀리 간다
> 멀리 가는 길에
> 나는 사람을 남긴다
> 〈멀리 가는 길〉

"협력은 단순히 함께 일하는 것이 아니라,
서로를 더 강하게 만드는 것이다."

- 헨리 포드

3부

AI와 협력하는 실전 기술

AI를 '경쟁자'로만 본다면, 끝없는 불안과 방어 속에 갇히게 된다. 그러나 시선을 바꾸면, AI는 누구보다 강력하고 헌신적인 동료가 될 수 있다. 이미 많은 선도 기업과 전문가들이 AI를 의사결정, 기획, 디자인, 분석, 마케팅 전 영역에서 적극적으로 활용하며 놀라운 성과를 만들고 있다.

문제는 '쓸 줄 아는가'다. AI는 단순한 검색엔진이 아니다. 제대로 질문하고, 데이터를 가공하고, 아이디어를 구체화하며, 자동화 흐름을 설계할 수 있어야 진정한 파트너십이 가능하다.

3부에서는 AI를 실전에서 **동반자**로 만드는 방법과, 생산성과 창의성을 동시에 높이는 툴, 그리고 직접 실습을 통해 '내 일에 AI를 녹여내는 기술'을 완성하는 과정을 안내한다.

7장
AI를 동료로 만드는 법

"혼자 빨리 가는 것보다, 함께 멀리 가는 것이 낫다."

아프리카 속담

AI를 경쟁자로만 본다면, 우리는 매번 방어적으로 반응할 수밖에 없다. 그러나 AI를 동료로 본다면, 그 순간부터 전장이 아니라 '공동 창작의 무대'가 열린다.

AI는 피로하지 않고, 방대한 데이터와 지식을 빠르게 처리하며, 반복 업무를 완벽에 가깝게 수행한다. 이런 특성을 이해하고 활용하면, 인간은 전략·창의·관계와 같이 AI가 할 수 없는 영역에 에너지를 집중할 수 있다.

이 장에서는 AI를 동반자로 보는 관점 전환부터 시작해, 실제 업무 속에서 AI를 통합하는 방법, 창의성과 효율성의 균형을 잡는 전략, 그리고 AI와 협력할 때 반드시 주의해야 할 한계와 윤리적 고려 사항까지 살펴본다. AI를 동료로 받아들일 때, 우리의 가능성은 기하급수적으로 확장된다.

경쟁자가 아닌 동반자로 보기

AI가 본격적으로 업무 현장에 도입되면서 많은 사람들이 가장 먼저 떠올린 것은 "이 기술이 내 일을 빼앗는 건 아닐까?"라는 두려움이었다. 언론은 '일자리 위기'라는 자극적인 제목을 앞세워 사람들 불안을 증폭시켰고, 일부 직종에서는 실제로 구조조정과 직무 재편이 빠르게 일어났다. 하지만 이 변화의 본질은 AI가 '인간을 대체하는 존재'가 아니라 '인간의 능력을 증폭시키는 도구'라는 점에 있다. 기술의 역할을 위협으로만 볼지, 아니면 기회로 볼지는 전적으로 우리 관점에 달려 있다.

AI를 경쟁자가 아닌 동반자로 보기 위해서는 먼저 **역할의 경계**를 명확히 해야 한다. AI는 방대한 데이터를 빠르게 분석하고 반복적 업무를 정확하게 처리하는 데 뛰어난 반면, 맥락을 읽고 복합적인 이해관계 속에서 결정을 내리는 능력은 아직 인간의 몫이다. 즉, AI는 '계산'과 '처리'를 담당하고, 인간은 '판단'과 '책임'을 맡는 구조로 협력해야 한다. 이 경계가 명확해질수록 AI는 나를 위협하는 존재가 아니라 나의 성과를 두 배, 세

배로 높여주는 파트너가 된다.

또한 AI를 동반자로 바라보려면 **호기심과 실험 정신**이 필요하다. 많은 사람들이 새로운 AI 기능을 접했을 때 '익숙하지 않다'는 이유로 외면하거나 최소한의 기능만 사용한다. 하지만 동반자는 서로의 가능성을 탐구하며 신뢰를 쌓는 존재다. 업무 중 작은 프로젝트라도 AI에게 맡기고, 결과를 분석하며, 더 나은 방법을 함께 찾아가는 과정이 필요하다. 이 과정에서 AI의 장점과 한계를 동시에 이해하게 되고, 그에 맞춰 내 역량을 조율할 수 있다.

무엇보다 중요한 것은 AI와의 협력을 **경력 성장의 전략**으로 삼는 것이다. 단순히 AI를 잘 다루는 사람이 되는 것을 넘어, 'AI를 활용해 팀과 조직의 성과를 극대화하는 사람'이 되어야 한다. 미래 직장에서는 이런 인재가 더 높은 평가를 받고, 더 중요한 프로젝트를 맡게 될 것이다. AI는 나의 업무 속도를 높여줄 뿐 아니라, 나를 더 전략적 위치로 이동시켜줄 사다리가 될 수 있다.

결국 AI와의 관계는 '경쟁'이 아니라 '공생' 개념으로 정의해야 한다. 위협으로만 보던 시선을 거두고, 나의 역량을 확장해주는 파트너로 AI를 받아들이는 순간, 우리는 단순한 생존을 넘어 새로운 성장 국면으로 진입하게 된다. 기술은 언제나 인간의 선택과 태도에 따라 도구가 되기도, 장애물이 되기도 한다.

AI를 동반자로 삼는 선택은 앞으로의 시대를 살아가는 데서 가장 중요한 전략 중 하나가 될 것이다.

업무 속 AI 통합하기

AI를 업무에 '추가 기능'처럼 붙이는 것과, 업무 프로세스에 '완전히 녹여내는 것'은 전혀 다른 차원의 이야기다. 많은 조직이 AI 도입을 선언하면서도, 실상은 일부 부서에서 파일럿 프로젝트만 돌리고 기존 방식은 그대로 유지하는 경우가 많다. 하지만 진정한 변화는 AI가 업무 흐름의 초입부터 끝까지 자연스럽게 포함되어 사람과 기술이 매끄럽게 역할을 주고받을 때 일어난다.

AI를 업무에 통합하기 위한 첫 단계는 **반복적이고 규칙 기반인 작업을 식별하는 것**이다. 이메일 정리, 일정 관리, 데이터 입력, 리서치와 같은 작업은 AI가 빠르고 정확하게 처리할 수 있다. 이를 통해 팀원들은 보다 전략적이고 창의적인 일에 집중할 수 있게 된다. 그러나 단순히 'AI에게 맡기면 된다'로 끝나는 것이 아니라, 그 결과를 어떻게 활용할지, 어떤 의사결정으로 이어갈지를 설계해야 한다.

두 번째 단계는 **업무 프로세스 재설계**다. 기존의 단계별 진행 방식에 AI가 끼어들면 흐름 자체를 바꿔야 한다. 예를 들어 보고서 작성이라면, 초안을 사람이 쓰고 AI가 교정·보완하는 방식에서, 오히려 AI가 초안을 만들고 사람이 핵심 논리와 메시지를 강화하는 방식으로 전환할 수 있다. 이렇게 하면 업무 속도는 획기적으로 빨라지고 완성도도 높아진다.

세 번째는 **조직 차원의 표준화와 교육**이다. AI를 사용하는 방식이 개인별로 제각각이면 효율은커녕 혼란이 가중될 수 있다. 회사 차원에서 AI 활용 가이드라인을 만들고, 정기적 교육을 통해 모든 구성원이 같은 기준과 도구를 활용할 수 있도록 해야 한다. 특히 데이터 보안, 프롬프트 작성법, 결과물 검증 방법은 반드시 표준화해야 한다.

마지막으로 중요한 것은 **지속적인 피드백 루프를 만드는 것**이다. AI는 한 번 설정해두면 영원히 완벽하게 작동하는 기계가 아니다. 환경이 변하면 성능이 달라지고, 새로운 기능이 출시되면 기존 방식보다 나은 방법이 생길 수 있다. 따라서 업무에 통합한 AI 효과를 주기적으로 점검하고, 데이터를 바탕으로 개선점을 찾아가는 과정이 필요하다.

AI는 단순한 '도입'이 아니라 '흡수'되는 존재여야 한다. 업무 속에 완전히 녹아든 AI는 더 이상 외부 기술이 아니라 나와 팀의 일부가 된다. 그렇게 될 때, AI는 단순한 효율성 향상을 넘어 조직 경쟁력을 새롭게 정의하는 핵심 요소로 자리 잡게 된다.

창의성과 효율성의 균형 잡기

AI를 업무에 도입하면 가장 먼저 체감하는 장점은 '속도'다. 기획안 작성, 이미지 생성, 데이터 분석 등 과거에 몇 시간이 걸리던 일이 몇 분 만에 끝나기도 한다. 그러나 속도가 빠르다고 해서 그것이 곧 좋은 결과를 의미하지는 않는다. 효율성이 극대화되면 오히려 창의성이 희생될 수 있고, 반대로 창의성을 최우선으로 하면 효율성이 떨어지는 경우가 생긴다. 이 두 가지를 어떻게 균형 있게 만드냐가 AI 시대의 핵심 과제다.

창의성은 본질적으로 예측 불가능성과 실험을 포함한다. 새로운 아이디어를 발굴하고, 기존의 틀을 깨는 발상은 때로는 시간과 자원을 낭비하는 것처럼 보일 수 있다. 반면 효율성은 반복과 최적화를 전제로 한다. 이미 검증된 방식을 더 빠르고 정확하게 수행하는 것이 목표다. AI는 효율성의 극단에 유리한 도구지만, 창의성 영역에서는 여전히 인간의 직관과 감각이 필요하다.

따라서 AI를 활용할 때는 **아이디어 발굴 단계와 실행 단계**를 명확히 구분하는 것이 좋다. 예를 들어, 초기 기획 단계에서는 AI를 브레인스토밍 도구로 활용하되 인간이 최종 선택과 방향 결정을 맡는 것이다. 이후 실행 단계에서 AI를 통해 속도를 끌어올리고, 품질을 균일하게 유지하는 식이다. 이렇게 하면 창의성과 효율성이 서로를 보완하며, 어느 한쪽이 다른 쪽을 잠식하지 않는다.

또한 팀 차원에서 '창의적 시도'를 장려하는 문화가 필요하다. AI를 통해 빠른 결과물을 얻더라도 그 결과가 기존과 크게 다르지 않다면 의미 있는 혁신이 아니다. 구성원들이 AI 결과를 단순히 받아들이지 않고 거기에 변주와 해석을 더하도록 유도해야 한다. 그렇게 하면 AI는 단순히 업무를 '빨리' 처리하는 도구가 아니라 새로운 가치를 만들어내는 촉매가 된다.

결국 AI 시대의 성공은 속도와 깊이의 균형에 달려 있다. 너무 빠르기만 한 결과물은 깊이가 없고, 너무 깊이만 파고드는 작업은 경쟁에서 뒤처진다. 창의성과 효율성이라는 두 축을 균형 있게 관리하는 것, 그것이 AI와 함께 일하는 사람의 진짜 경쟁력이다.

AI와 협력할 때 주의할 점

AI는 강력한 동반자이지만, 무조건적 신뢰는 위험하다. AI가 내놓는 결과물은 그 자체로 완벽하거나 절대적 진리가 아니다. AI는 훈련된 데이터와 알고리즘에 따라 답을 생성할 뿐이며, 그 과정에서 오류, 편향, 심지어 허구의 정보(환각·Hallucination)가 포함될 수 있다. 따라서 AI 출력을 그대로 사용하는 것이 아니라, 반드시 **사람의 검증 과정**을 거쳐야 한다.

데이터 보안 역시 중요한 문제다. 많은 AI 서비스가 클라우드 기반으로 작동하기 때문에 민감한 내부 정보나 고객 데이터를 그대로 입력하면 유출 위험이 발생할 수 있다. 특히 기업 환경에서는 AI 활용 가이드라인에 '입력하면 안 되는 정보'와 '외부 서비스에 공유 가능한 정보'를 명확히 구분해야 한다. 잘못된 데이터 입력 한 번이 기업의 평판과 신뢰를 무너뜨릴 수 있다.

윤리적 문제도 간과해서는 안 된다. AI가 생성한 콘텐츠는 저작권, 개인정보, 명예훼손 문제를 불러올 수 있으며, 편향된 데이터를 학습한 모델은 차별적 결과를 만들어낼 수 있다. 따라서 AI 결과물은 법적·윤리적 기준을 통과하는지 반드시 검토해야 하며, 필요한 경우 법무팀이나 전문가 자문을 거치는 것이 안전하다.

또 하나의 주의점은 **AI 의존성**이다. 편리함에 익숙해지면, 스스로 생각하고 판단하는 능력이 점점 줄어들 수 있다. 모든 결정을 AI에게 맡기기 시작하면, 결국 중요한 순간에 스스로 선택할 힘을 잃게 된다. AI는 '결정권자'가 아니라 '결정 지원자'로 두어야 한다.

결국 AI와 협력할 때 가장 중요한 원칙은 '기계와 사람의 역할을 구분하는 것'이다. AI는 강력한 도구지만, 최종 책임과 판단은 언제나 사람에게 있다. 이 원칙을 지키는 한, AI는 우리를 대체하는 존재가 아니라 우리 역량을 극대화시키는 최고의 파트너가 될 것이다.

>경쟁자의 얼굴이 아니라
>동반자의 손을 본다
>함께 달릴 때
>길은 넓어진다
>〈함께 달리기〉

8장
생산성과 창의성을 높이는 AI 툴 30선

"좋은 도구는 당신을 더 날카롭게 만든다."

스티브 잡스

AI 툴은 단순한 편의 기능을 넘어 우리의 작업 방식을 완전히 바꿔놓고 있다. 과거에는 아이디어 발상, 콘텐츠 제작, 데이터 분석, 프로젝트 관리 등 각각의 영역에 다른 전문가가 필요했지만, 이제는 개인도 AI 툴을 활용해 '작은 팀'처럼 움직일 수 있다.

문제는 너무 많은 툴이 존재한다는 것이다. 어떤 툴이 진짜 가치가 있는지, 어떤 조합이 나의 작업 흐름과 맞는지를 모르면 오히려 툴에 끌려다니게 된다.

이 장에서는 글쓰기·기획·디자인·데이터 분석·자동화 등 다섯 가지 카테고리로 AI 툴을 체계적으로 정리하고, 각 툴의 특징과 활용 시나리오를 제시한다. 목적 없는 툴 사용이 아니라, 성과를 극대화하는 전략적 도구 활용법이 핵심이다.

글쓰기·기획·아이디어 생성 툴

AI 시대의 글쓰기는 단순히 '문장을 쓰는 것'에서 벗어나, 아이디어를 발굴하고 구조를 설계하며 완성도를 높이는 전 과정을 포함한다. 과거에는 글 한 편을 완성하기 위해 수많은 자료를 찾고, 초안을 쓰고, 수정하는 데 몇 시간에서 며칠이 걸렸지만, 이제는 AI 툴을 활용하면 이 과정을 획기적으로 단축할 수 있다. 특히 글쓰기와 기획 단계에서 AI는 '창작의 마중물' 역할을 하며 막막했던 시작을 수월하게 만들어준다.

ChatGPT는 이 분야의 대표 주자다. 단순히 문장을 작성하는 데 그치지 않고, 주제 선정, 개요 작성, 글의 흐름 정리, 심지어는 맞춤형 톤앤매너 적용까지 가능하다. 예를 들어 기획서 초안을 만들 때 "마케팅 캠페인 아이디어 5가지"처럼 요청하면 즉시 구조화된 아이디어를 제시한다. 긴 글이나 전략 문서 작업에는 Claude가 유용하다. 맥락 이해력이 뛰어나서 수만 자에 달하는 문서를 분석하고 요약하는 데 강점을 발휘한다.

마케팅 콘텐츠 제작에는 Jasper와 Copy.ai가 돋보인다. Jasper는 브랜드 개성을 학습해 광고 문구와 블로그 글을 제작하는 데

최적화되어 있고, Copy.ai는 짧고 강렬한 문장이나 SNS용 콘텐츠 제작에 강하다. 한편 **노션**(Notion) **AI**는 개인 또는 팀 단위에서 아이디어와 자료를 정리하고, 즉시 활용 가능한 초안을 만드는 데 강력한 도구다. 회의 노트, 브레인스토밍 결과, 프로젝트 계획안을 한 공간에서 AI와 함께 작성·정리할 수 있다.

또한 **Rytr**은 다국어 콘텐츠 제작이 가능해 해외 시장을 겨냥한 글쓰기에서 유리하며, **Anyword**는 문장별 클릭률 예측 기능이 있어 광고나 이메일 제목 효과를 미리 가늠할 수 있다. 이처럼 다양한 툴을 적재적소에 조합하면, 글쓰기와 기획은 단순한 노동이 아니라 고부가가치 창작 활동으로 변모한다.

활용의 핵심은 'AI가 만든 결과를 그대로 쓰지 않는 것'이다. AI는 빠른 속도로 초안을 제공하고 아이디어를 풍성하게 하지만, 그 결과물이 차별화되고 설득력을 가지려면 최종 편집과 문맥 조율은 반드시 사람이 직접 해야 한다. AI는 도구이자 파트너이지, 완성된 작품의 작가는 아니다.

이미지·디자인·영상 제작 툴

AI는 이제 텍스트뿐 아니라 이미지와 영상 제작의 패러다임까지 바꾸고 있다. 과거에는 고급 디자인 작업이나 영상 편집을 위해 전문 툴과 숙련된 기술이 필수였지만, 이제는 직관적인 AI 기반 서비스들이 누구나 몇 분 안에 결과물을 만들 수 있도록 돕는다. 특히 시각 콘텐츠는 글보다 훨씬 빠르게 사람의 시선을 사로잡기 때문에 마케팅, 브랜딩, 교육, 프레젠테이션 등 거의 모든 분야에서 경쟁력을 좌우하는 요소가 되었다.

대표적인 이미지 생성 툴로는 **Midjourney**와 **DALL·E**가 있다. **Midjourney**는 예술적 스타일과 세밀한 질감 표현이 뛰어나 브랜드 이미지나 감성적 아트워크 제작에 강점을 가지며, **DALL·E**는 아이디어 스케치나 제품 목업(mockup) 제작에 유용하다. **Adobe Firefly**는 포토샵과 일러스트레이터와의 자연스러운 연동 덕분에 기존 디자인 워크플로우에 쉽게 통합할 수 있다. 이미지 수정·합성, 배경 제거, 스타일 변환이 자동화되므로 디자이너의 시간을 크게 절약한다.

프레젠테이션과 브랜딩 디자인에는 **Canva**가 강력하다. 방대한 템플릿과 직관적 드래그앤드롭 인터페이스, 그리고 AI가 자동으로 색상 조합과 레이아웃을 제안해주는 기능 덕분에, 비전문가도 전문가 수준의 결과물을 빠르게 만들 수 있다. **Figma**의 AI 기능은 UI·UX 디자인 분야에서 아이디어 시안을 즉시 생성하고, 반복 작업을 줄여준다.

영상 제작 분야에서도 AI의 변화는 눈부시다. **Runway**는 텍스트 입력만으로 짧은 영상을 생성할 수 있고, 기존 영상을 편집하거나 특정 장면을 바꾸는 것도 가능하다. Synthesia는 실제 사람처럼 보이는 AI 아바타를 이용해 다국어 영상 콘텐츠를 제작할 수 있어 교육, 홍보, 안내 영상 제작에 특히 유용하다. 또한 Pictory는 긴 영상을 자동으로 요약하고 하이라이트 영상을 뽑아내는 데 강점을 가진다.

이처럼 이미지와 영상 제작 툴은 단순한 '편의성 향상'을 넘어, 창작 가능성을 넓히고 새로운 형태의 콘텐츠를 만들어내는 역할을 한다. 중요한 것은 어떤 툴을 쓰느냐보다 '무엇을 표현할 것인가'에 대한 명확한 비전과 스토리다. AI는 그 비전을 구현하는 강력한 브러시일 뿐, 캔버스를 채우는 주체는 여전히 사람이다.

데이터 분석·리서치 툴

AI 시대의 경쟁력은 결국 **데이터를 얼마나 빠르고 정확하게 해석하느냐**에 달려 있다. 방대한 데이터를 직접 수집하고 정리하던 시대는 지났다. 이제 AI 기반 분석·리서치 툴은 단 몇 분 만에 수백 페이지 분량의 자료를 요약하고 통계 분석까지 수행한다. 이는 의사결정 속도를 높이고, 더 많은 실험과 전략 검토를 가능하게 한다.

대표적 툴로는 ChatGPT Advanced Data Analysis(ADA) 기능이 있다. 이를 활용하면 CSV, 엑셀, 텍스트 데이터 파일을 업로드한 뒤 복잡한 분석을 자연어 명령으로 처리할 수 있다. 통계 그래프 작성, 회귀 분석, 데이터 패턴 발견까지 코딩 없이 가능하다. Claude의 경우 긴 보고서나 연구 논문을 빠르게 요약하고 핵심 인사이트를 뽑아내는 데 강점을 가진다.

비즈니스 의사결정과 관련해 Power BI와 Tableau는 여전히 강력한 존재감을 가진다. AI 기능이 통합되어 대시보드 제작, 실시간 데이터 시각화, 예측 분석 등을 손쉽게 수행할 수 있다. 특히 Tableau의 'Ask Data' 기능은 사용자가 질문을 입력하면 즉시 관련 차트와 분석 결과를 시각화해준다.

리서치 영역에서는 Perplexity AI가 떠오르고 있다. 단순한 검색을 넘어 출처가 명확한 자료를 종합해 논리적으로 정리해주기 때문에 시장 조사나 경쟁사 분석에 유용하다. 또한 Scite는 학술 논문을 분석해 해당 논문이 다른 연구에서 어떻게 인용되었는지를 보여주어 신뢰성 있는 연구 기반 결정을 내릴 수 있도록 돕는다.

이처럼 데이터 분석·리서치 툴은 단순한 '정보 제공'에 그치지 않는다. 올바른 툴을 사용하면 방대한 데이터 속에서 **의미 있는 패턴과 기회를 찾아내고**, 더 빠르게 전략을 실행할 수 있다. AI는 복잡한 분석을 단순화하고, 사람은 그 분석을 바탕으로 창의적 결정을 내리는 구조가 이상적이다.

자동화·프로젝트 관리 툴

AI 시대의 진짜 경쟁력은 '얼마나 열심히 일하느냐'가 아니라 '얼마나 효율적으로 일하느냐'에서 나온다. 반복적이고 규칙적인 업무는 가능한 한 자동화하여 시간을 절약하고, 그 시간을 전략 수립과 창의적 작업에 투자하는 것이 핵심이다. 이를 위해 자동화·프로젝트 관리 툴은 조직과 개인 모두에게 필수적인 도구가 되었다.

대표적인 업무 자동화 툴로는 Zapier와 Make(구 Integromat)가 있다. 두 툴 모두 서로 다른 앱과 서비스를 연결해 데이터를 자동으로 이동시키거나 특정 조건이 충족되면 작업을 실행하게 만든다. 예를 들어, 이메일 첨부파일이 도착하면 자동으로 클라우드에 저장하고, 동시에 팀 채팅방에 알림을 보내는 식이다. 이렇게 설정해놓으면 사소한 반복 작업에 쓰이던 시간을 크게 줄일 수 있다.

AI 기반 자동화 플랫폼인 n8n이나 Bardeen은 더 고도화된 워크플로우를 설계할 수 있다. 특히 Bardeen은 브라우저에서 바로 실행되며, 데이터 수집, SNS 포스팅, CRM 업데이트 같은 일상적인 업무를 클릭 한 번으로 처리해준다.

프로젝트 관리 분야에서는 **노션**과 **ClickUp**이 강력하다. 노션은 문서 작성, 데이터베이스, 일정 관리, 업무 보드를 하나의 플랫폼에서 통합적으로 운영할 수 있고, AI 기능을 활용하면 회의록 요약, 일정 자동 업데이트, 태스크 설명 작성 등이 가능하다. ClickUp 역시 업무 흐름을 시각화하고, AI가 우선순위를 추천해주거나 작업 내용을 자동으로 정리해준다.

대규모 협업에서는 **Asana**와 **Trello**도 여전히 인기다. AI가 마감일을 예측하거나 업무 진행 상황을 분석해 병목 구간을 알려주는 기능이 추가되면서 프로젝트 관리 효율성이 더욱 높아졌다.

자동화와 프로젝트 관리 툴의 진정한 가치는 단순히 시간을 절약하는 데 있지 않다. 그것은 '일의 흐름을 설계하고 최적화하는 능력'을 사람에게 돌려준다는 데 있다. 반복적 작업을 기계에 맡기면, 사람은 더 가치 있는 문제 해결과 창조적인 결정에 집중할 수 있다.

망치가 있다고

집이 저절로 지어지진 않는다

도구는 손에 달렸고

손은 마음에 달려 있다

〈도구〉

9장
데이터·자동화·콘텐츠 제작 실습 가이드

"지식은 정보를 조직할 때 생긴다."

앨빈 토플러

이제 AI 시대의 경쟁력은 '얼마나 많이 아느냐'보다 '얼마나 잘 만들고 실행하느냐'에 달려 있다. 데이터 수집부터 콘텐츠 제작, 자동화 워크플로우 설계까지의 전 과정을 이해하고 직접 다뤄볼 줄 알아야 한다.

이 장은 이론이 아닌 실습 중심으로 구성된다. AI 기반 콘텐츠 제작 프로세스를 처음부터 끝까지 따라가며, 실제 데이터 수집·가공을 해보고, 이를 자동화 시스템과 연결하는 과정을 경험한다.

목표는 단순한 툴 사용법 습득이 아니다. '아이디어 → 데이터 → 실행 → 확산'이라는 생산 파이프라인을 스스로 설계하고 운영할 수 있는 능력을 갖추는 것이다. 이 경험이 쌓이면, 당신은 단순 사용자에서 '창조자'로 변신하게 된다.

AI 기반 콘텐츠 제작 과정

AI를 활용한 콘텐츠 제작은 단순히 도구를 사용하는 것이 아니라, **아이디어 구상부터 배포까지 전 과정을 전략적으로 설계하는 것**에서 출발한다. 전통적인 콘텐츠 제작 방식이 '기획 → 제작 → 편집 → 배포'라는 직선 구조였다면, AI 기반 제작은 각 단계를 유연하게 오가며 더 빠른 피드백과 개선이 가능하다.

　첫 번째 단계는 목표와 타깃 정의다. AI는 무작정 활용한다고 좋은 결과를 주지 않는다. 콘텐츠의 주제, 목표, 타깃 독자나 시청자 특성을 명확히 정의해야 한다. 예를 들어, 블로그 글인지, SNS용 짧은 영상인지, 기업 브랜딩을 위한 장편 리포트인지에 따라 AI에 주는 입력(prompt) 구조와 방향이 달라진다.

　두 번째 단계는 **아이디어 발산과 구조 설계**다. ChatGPT, Claude, Gemini 같은 생성형 AI를 활용해 다양한 콘텐츠 아이디어를 짧은 시간에 쏟아낸 뒤, 주제와 형식에 맞게 구조를 설계한다. 이때 AI를 '아이디어 파트너'로 활용하면, 사람이 놓치기 쉬운 새로운 시각과 조합을 얻을 수 있다.

세 번째 단계는 **콘텐츠 초안** 제작이다. 글이라면 서론-본론-결론 구조에 맞게 전체 문장을 AI로 생성하거나, 영상이라면 시나리오와 스토리보드를 AI가 먼저 제안하도록 한다. 이미지나 영상 제작의 경우, Midjourney, DALL·E, Runway 등의 툴을 사용하면 기획안에 맞는 시각 자료를 신속하게 확보할 수 있다.

네 번째 단계는 **편집과 품질 개선**이다. AI가 만들어낸 결과물은 종종 어색하거나 디테일이 부족할 수 있다. 여기서 인간의 역할이 중요하다. 문장 흐름을 다듬고, 이미지 색감을 조정하고, 영상 컷을 재배치하는 등의 과정을 통해 완성도를 높인다. AI는 속도를 높여주지만, 감각과 맥락을 살리는 최종 감수는 사람이 담당해야 한다.

마지막 단계는 **배포와 성과 분석**이다. AI를 활용하면 콘텐츠 업로드와 동시에 SNS 채널별 맞춤형 설명문, 해시태그, 썸네일 이미지 등을 자동 생성할 수 있다. 또한 업로드 후에는 조회수, 클릭률, 체류 시간 등의 데이터를 AI 분석 툴로 확인해, 어떤 요소가 효과적이었는지 파악하고 다음 제작에 반영한다.

AI 기반 콘텐츠 제작 과정의 핵심은 AI를 단순한 '제작 도구'가 아니라 **기획부터 분석까지 전 과정을 함께하는 협력자**로 두는 것이다. 이렇게 하면 창의성과 생산성을 동시에 확보할 수 있다.

데이터 수집과 가공 실습

AI와 협력하는 콘텐츠 제작의 출발점은 **데이터의 확보와 정제**다. 데이터는 단순한 숫자나 텍스트의 모음이 아니라, AI가 의미 있는 결과물을 만들어내기 위한 '연료'이자 '재료'다. 잘못된 데이터나 불필요하게 잡음이 많은 데이터는 오히려 결과물의 품질을 떨어뜨린다. 따라서 수집과 가공 단계에서 얼마나 철저하게 준비하느냐가 전체 프로젝트의 성패를 가른다.

첫 번째 단계는 **데이터 소스 선정**이다. 공공 데이터 포털, 기업 내부 시스템, 웹 크롤링, 소셜 미디어 API 등 다양한 출처에서 데이터를 확보할 수 있다. 예를 들어 마케팅 캠페인을 준비한다면, 고객 반응 데이터, 검색 트렌드, 경쟁사 콘텐츠 사례를 한데 모아 분석할 수 있다. AI 툴 중에서도 Octoparse, Apify 같은 크롤링 도구를 사용하면 웹사이트 데이터를 자동으로 추출할 수 있다.

두 번째 단계는 **데이터 정제와 구조화**다. 원본 데이터에는 불필요한 공백, 중복, 오류가 섞여 있을 수 있다. 이를 제거하고, 분석 목적에 맞게 표준 형식으로 변환해야 한다. 예를 들어 날짜 형식을 통일하고, 불필요한 기호를 제거하며, 결측값(missing value)을 보완하는 과정이다. Python의 Pandas 라이브러리나 Google Sheets, Excel의 고급 필터 기능 등을 활용하면 쉽게 처리할 수 있다.

세 번째 단계는 **데이터 가공과 특징 추출**이다. 단순한 정제에서 한 단계 나아가, 분석과 제작에 바로 활용할 수 있는 형태로 데이터를 재구성한다. 텍스트 데이터라면 키워드 추출과 감성 분석을, 이미지 데이터라면 크기 조정과 색상 표준화를 진행한다. 이 과정에서 AI의 자연어 처리(NLP)나 이미지 인식 모델을 활용하면 속도와 정확성을 동시에 확보할 수 있다.

마지막 단계는 **저장과 관리**다. 데이터는 일회성으로 쓰고 버리는 것이 아니라, 향후 업데이트와 재활용이 가능하도록 체계적으로 보관하는 것이 중요하다. Google Cloud, AWS S3, Notion, Airtable 같은 클라우드 기반 저장소를 활용하면, 팀원 간 협업도 훨씬 수월해진다.

데이터 수집과 가공은 지루하고 반복적인 작업처럼 보일 수 있지만, **AI의 잠재력을 극대화하는 숨은 핵심 단계**다. 잘 준비된 데이터는 AI가 더 정확하고 창의적인 결과물을 내도록 돕는다.

자동화 워크플로우 설계

데이터를 수집하고 가공한 뒤에는, 이를 효율적으로 활용하기 위한 **자동화 워크플로우**를 설계하는 단계로 넘어가야 한다. 워크플로우란 작업 흐름을 정의하고, 각 단계를 자동으로 이어주는 시스템이다. 이 과정을 제대로 설계하면 반복적 수작업을 줄이고 더 많은 시간을 전략과 창의적 작업에 쏠 수 있다.

첫 번째로 할 일은 **프로세스 시각화**다. 지금 하고 있는 업무의 흐름을 눈에 보이게 그려보는 것이다. 예를 들어 '데이터 수집 → 정제 → 분석 → 보고서 작성 → 공유'라는 흐름을 플로차트로 표현하면, 어느 부분이 자동화 가능한지 쉽게 파악된다. 이때 Lucidchart, Miro 같은 시각화 툴을 활용하면 팀원과 함께 빠르게 공유·수정할 수 있다.

다음 단계는 **자동화 도구 선정**이다. 업무 성격에 따라 알맞은 툴이 달라진다. 단순 반복 작업이 많다면 Zapier나 Make(구 Integromat), Microsoft Power Automate 같은 플랫폼이 유용하다. 데이터 기반 분석과 콘텐츠 제작을 연계하려면 Python 스크립트, Google Apps Script, 혹은 OpenAI API를 결합할 수도 있다. 중요한 점은 '현재 하는 일을 완전히 대체'하기보다 'AI와 자동화 툴이 협업할 수 있는 구조'를 만드는 것이다.

세 번째는 **작업 트리거(Trigger)와 조건 설정**이다. 자동화는 '언제, 어떤 조건에서' 실행될지 명확해야 한다. 예를 들어, 새로운 데이터 파일이 특정 폴더에 저장되면 자동으로 분석이 시작되고, 결과 보고서가 팀 채널에 공유되는 식이다. 트리거와 조건을 잘못 설정하면 불필요한 작업이 반복되거나, 잘못된 데이터가 전파될 위험이 있으니 주의해야 한다.

마지막으로 **모니터링과 최적화** 단계가 필요하다. 자동화는 설계 후 그대로 두는 것이 아니라, 주기적으로 오류 여부를 점검하고 성능을 개선해야 한다. 실행 로그를 분석해 병목 구간을 찾아내고, 더 빠른 처리 방식이나 더 정확한 알고리즘으로 교체하는 것이다. 이를 통해 워크플로우는 점점 더 효율적이고 안정적으로 발전한다.

자동화 워크플로우 설계는 단순한 '기술 활용'이 아니라, **업무 철학을 재구성하는 일**이다. 중요한 것은 자동화를 통해 '무엇을 더 잘할 수 있는지'를 끊임없이 질문하는 것이다. 그렇게 할 때, AI와 자동화는 단순한 도구가 아니라 비즈니스와 창작의 진정한 파트너가 된다.

실습 프로젝트 완성하기

AI 기반 콘텐츠 제작과 데이터·자동화 프로세스를 모두 경험했다면, 이제 이를 하나로 묶어 실제 프로젝트를 완성하는 단계로 넘어간다. 이 단계의 목적은 단순히 결과물을 만드는 것이 아니라, 앞서 배운 기술과 방법론을 **하나의 통합된 워크플로우** 안에서 실행해보는 것이다.

첫 번째로 해야 할 일은 **프로젝트 주제 선정**이다. 주제는 실무나 개인 목표에 직접적으로 연결되는 것이 가장 좋다. 예를 들어 마케팅 담당자라면 '신제품 홍보 캠페인 콘텐츠 제작'을, 데이터 분석가는 '시장 트렌드 보고서 자동화'를, 크리에이터라면 '영상과 이미지 기반 스토리텔링 콘텐츠 제작'을 주제로 삼을 수 있다. 이렇게 하면 학습한 내용을 바로 현업에 적용할 수 있다.

다음은 **프로젝트 계획 수립**이다. 프로젝트를 세분화해 일정과 역할을 나눈다. 데이터 수집·가공 단계, AI 모델을 활용한 아이디어 생성 단계, 콘텐츠 제작 단계, 자동화 구축 단계, 그리고 최종 검수와 배포까지의 흐름을 정리해야 한다. Trello, Notion, Asana 같은 프로젝트 관리 툴을 이용하면 진행 상황을 한눈에 파악할 수 있다.

세 번째는 **실행과 기록**이다. AI 툴과 자동화 시스템을 연결해 프로젝트를 실행하면서, 각 과정에서 사용한 툴과 설정값, 데이터 처리 방식, 성과 지표를 기록한다. 이는 프로젝트를 재현하거나 개선할 때 중요한 참고 자료가 된다. 특히 예상치 못한 오류나 병목 구간이 발생하면 즉시 메모해두는 것이 좋다.

마지막으로 **검증과 개선**이다. 프로젝트 결과물을 단순히 완성된 것으로 끝내지 말고, 성과를 측정하고 개선안을 도출해야 한다. 예를 들어 캠페인 콘텐츠라면 조회수, 클릭률, 전환율 등의 데이터를 분석하고, 데이터 보고서라면 분석 속도와 정확도를 검토한다. 이후 개선점을 반영해 다음 프로젝트에서는 더 효율적이고 완성도 높은 결과를 만들 수 있다.

이렇게 실습 프로젝트를 마무리하면, 독자는 단순한 'AI 툴 사용자'를 넘어 **AI 기반 프로젝트 매니저**로 성장할 수 있다. 도구와 기술을 아는 것을 넘어, 그것을 목적과 상황에 맞게 조합해 결과를 만들어내는 역량이야말로 AI 시대에 대체 불가능한 가치다.

데이터는 숫자가 아니다
그 안에 사람이 산다
그 사람을 꺼낼 때
숫자는 이야기가 된다
〈숫자의 사람〉

"브랜드는 우리가 방 안에 없어도
우리에 대해 말해주는 이야기다."

- 제프 베조스

4부

나만의 브랜드와 경력 만들기

AI가 만든 콘텐츠와 사람의 콘텐츠가 경쟁하는 세상에서, '이건 당신이 만든 거다'라는 확신을 줄 수 있는 것이 바로 **브랜드**다. 브랜드는 단순한 로고나 색깔이 아니다. 당신이 세상에 내놓는 메시지, 경험, 가치관, 그리고 그것이 일관되게 쌓인 기록의 총합이다.

AI 시대에 경력도 마찬가지다. 오래된 직무와 직함에 의존하는 대신, 스스로의 전문성을 '재설계'하고, 디지털 자산을 구축하며, 시장에서 자신을 명확히 포지셔닝해야 한다.

4부에서는 나만의 전문성을 브랜드화하는 법, 포트폴리오와 프로필을 재구성하는 전략, 그리고 AI를 활용해 경력을 확장하고 새로운 기회를 만드는 방법을 다룬다. 이 과정을 거치면, 당신의 이름과 경력은 단순한 이력서 이상의 무게를 갖게 될 것이다.

10장
나의 전문 영역 브랜드화하는 법

"브랜드는 당신이 떠난 뒤에도 계속 말하는 당신의 목소리다."

리사 개브리엘

AI 시대에는 '전문성'이 단순한 경력이나 학위로 증명되지 않는다. 검색 한 번으로 수많은 정보와 사례가 쏟아지는 세상에서 진짜 전문성은 '나만이 제공할 수 있는 가치'를 명확히 전달하는 데서 비롯된다.

그렇기 때문에 브랜드화는 선택이 아니라 필수다. 브랜드는 당신의 전문성을 세상에 각인시키는 '형태'이자, 사람들 기억 속에 남는 '이야기'다.

이 장에서는 자신의 전문성을 정의하고, 그것을 사람들 마음에 각인시키는 스토리텔링 방법, 그리고 시각적·언어적 아이덴티티를 구축하는 과정을 다룬다. 단순히 '전문가'로 불리는 것을 넘어, 시장에서 독보적 브랜드로 자리 잡는 전략이 여기서 시작된다.

'전문성'의 정의와 확립

AI 시대의 경쟁력은 단순한 '경험'이나 '경력 연차'에서 나오지 않는다. 정보가 폭발적으로 쌓이고 도구가 빠르게 발전하는 시대에는 누구나 새로운 기술을 단기간에 습득할 수 있다. 그렇기 때문에 진정한 차별화는 **'전문성'**에서 시작된다. 여기서 말하는 전문성이란 단순히 한 분야를 오래 해온 경험이 아니라, **그 분야에서 자신만의 관점과 문제 해결 능력을 인정받는 상태**를 의미한다.

전문성을 확립하려면 먼저 **자신의 핵심 역량을 명확히 정의**해야 한다. 이는 단순히 '나는 디자이너다', '나는 마케터다' 같은 직무 타이틀로 표현되는 것이 아니라, "데이터 기반으로 브랜드 전략을 설계하는 디자이너"처럼 **명확한 세부 분야와 차별화된 접근 방식**이 포함되어야 한다. 이 정의가 분명할수록 시장과 고객은 당신을 특정한 문제 해결 전문가로 인식하게 된다.

다음으로 중요한 것은 **지속적 학습과 최신 트렌드 반영**이다. 아무리 뛰어난 전문성도 시대에 뒤처지면 경쟁력을 잃는다.

특히 AI 시대에는 새로운 툴과 방법론이 매달 쏟아져 나오기 때문에, 이를 적극적으로 테스트하고 자신의 분야에 적용하는 습관이 필수다. 학습한 내용을 체계적으로 정리하고, 이를 블로그·SNS·세미나 발표 등을 통해 외부에 공유하면 신뢰와 영향력이 동시에 커진다.

전문성을 확립하는 마지막 단계는 **인증과 평가**다. 이는 꼭 자격증이나 학위를 뜻하지 않는다. 고객 후기, 성과 지표, 언론 보도, 강연 이력, 협업 사례 등 **외부에서 인정받은 기록**이 전문성을 공식화한다. 이를 지속적으로 쌓아가면, 단순히 '할 줄 아는 사람'이 아니라 '믿고 맡길 수 있는 사람'으로 자리매김하게 된다.

결국, AI 시대의 전문성이란 **변화 속에서 자신만의 무기를 지속적으로 다듬고, 그것을 시장에 명확히 각인시키는 능력**이다. 이 과정이야말로 앞으로 대체되지 않는 경력과 브랜드를 만드는 첫걸음이다.

나만의 스토리 만들기

전문성을 갖춘 사람은 많지만, 시장에서 오래 기억되는 사람은 극소수다. 그 차이를 만드는 것이 바로 **스토리**다. 사람들은 이력서보다 이야기에 더 오래 반응한다. 누군가의 경력이나 실력을 단순한 스펙이 아니라 **기억에 남는 경험의 흐름**으로 전달할 때, 그것은 단순한 자기소개를 넘어 브랜드가 된다.

스토리를 만들기 위해서는 먼저 **자신의 여정을 해부**해야 한다. 지금까지 걸어온 길에서 중요한 전환점, 실패와 극복, 새로운 도전을 시도했던 순간을 찾아낸다. 이 과정에서 핵심은 완벽하게 포장하는 것이 아니라, **인간적 면모와 성장 과정**을 드러내는 것이다. 사람들은 결점 없는 완벽한 인물보다 어려움을 겪고도 방향을 잃지 않은 사람에게서 더 큰 신뢰를 느낀다.

다음 단계는 이 여정을 **하나의 흐름으로 엮는 것이다**. 단편적인 사건 나열이 아니라, '왜 그 길을 선택했는지'와 '그 경험이 지금의 나를 어떻게 만들었는지'를 연결한다. 예를 들어, 단순히 "10년 동안 마케팅을 했다"가 아니라, "AI와 데이터 분석에 흥미를 느껴 전통 마케팅에서 AI 마케팅 전략가로 전환했다"처럼 **방향성과 이유**를 포함시켜야 한다.

마지막으로, 이 스토리를 **다양한 채널에서 일관되게 전달**해야 한다. 강연, 인터뷰, SNS, 책, 포트폴리오 등 매체는 다르더라도 핵심 서사는 변하지 않아야 한다. 이때 중요한 것은 **스토리가 자신을 과장하기 위한 수단이 아니라, 전문성과 가치관을 드러내는 창구가 되어야 한다는 점**이다. 시간이 지나면서 스토리는 업데이트되고 진화하지만, 중심 메시지는 흔들리지 않아야 한다.

    결국, 나만의 스토리란 **내가 왜 이 일을 하는지, 왜 이 분야에서 활동하는지를 설득력 있게 보여주는 개인의 역사이자 브랜드의 뼈대**다. 이것이 있어야 시장에서 당신의 이름이 단순한 직함이 아니라 하나의 상징으로 자리 잡게 된다.

비주얼 아이덴티티 구축

스토리가 사람들 마음을 움직이는 '내용'이라면 비주얼 아이덴티티는 그 내용을 한눈에 기억하게 만드는 '형태'다. 사람들은 단어보다 이미지를 훨씬 오래 기억한다. 따라서 브랜드를 만든다는 것은 단지 로고를 하나 만드는 일이 아니라, **시각적으로 일관된 인상을 심는 과정**이다.

    첫 단계는 **브랜드의 핵심 메시지를 시각화하는 것**이다. 당신이 전달하려는 가치와 전문성을 색상, 폰트, 이미지 스타일로 표현한다. 예를 들어, AI와 혁신을 강조한다면 차가운 블루와 미니멀한 선을, 창의성과 감성을 강조한다면 따뜻한 색감과 곡선형 디자인을 활용할 수 있다. 이때 중요한 것은 '내가 좋아하는 색'이 아니라, **내 고객과 시장이 기억해야 할 색을 선택하는 것**이다.

다음은 **일관성 유지**다. 명함, 프레젠테이션, SNS 프로필, 웹사이트, 포트폴리오에 이르기까지 같은 색상, 같은 서체, 같은 톤을 유지해야 한다. 작은 요소라도 바뀌면 브랜드 신뢰도가 떨어진다. 특히 온라인 시대에는 사람들이 다양한 채널에서 당신을 접하기 때문에 시각적 통일감이 곧 **브랜드 신뢰도**로 이어진다.

또한, **시그니처 요소**를 만드는 것이 좋다. 특정한 아이콘, 패턴, 사진 구도, 혹은 복장 스타일처럼 반복적으로 등장하는 시각 요소는 브랜드를 강하게 각인시킨다. 이를 통해 사람들은 로고를 보지 않아도 '이건 당신의 것'임을 직감적으로 알아본다.

마지막으로, 비주얼 아이덴티티는 고정된 것이 아니라 **살아 있는 시스템**이어야 한다. 시간이 지나면서 시장과 트렌드가 변하듯, 브랜드의 시각 요소도 조금씩 조정과 진화를 거쳐야 한다. 하지만 변화를 줄 때도 핵심 색상과 구조는 유지하여 기존 인지도를 잃지 않도록 해야 한다.

결국, 비주얼 아이덴티티는 **브랜드의 얼굴**이다. 이것이 강력하게 구축되면 사람들은 당신 이름을 듣기도 전에 이미 '그 사람의 이미지'를 떠올리게 된다. 그리고 이것이 바로 시장에서 대체 불가능한 존재로 자리 잡는 첫인상의 힘이다.

시장에 브랜드 알리기

아무리 뛰어난 브랜드 아이덴티티를 구축해도 그것이 세상에 알려지지 않으면 존재하지 않는 것과 같다. 브랜드는 혼자 힘으로 성장하지 않는다. 사람들 인식 속에 자리 잡을 때 비로소 그 가치는 살아난다. 따라서 브랜드 알리기의 핵심은 **전략적 노출과 지속적인 관계 형성**이다.

첫 번째 단계는 **목표 시장과 채널 선정**이다. 모든 곳에 다 보이려고 하면 메시지가 흐려진다. 당신의 전문성을 필요로 하는 집단, 당신 이야기에 귀 기울일 가능성이 높은 고객층이 어디에 모여 있는지 먼저 파악해야 한다. 그들이 주로 활동하는 채널이 유튜브인지, 인스타그램인지, 혹은 오프라인 컨퍼런스인지에 따라 접근 방식이 달라진다.

두 번째는 **콘텐츠 중심 전략**이다. 단순 광고보다 사람들은 유익한 정보, 진정성 있는 스토리, 실질적 도움을 주는 콘텐츠에 더 반응한다. 당신 전문성을 보여주는 칼럼, 노하우 영상, 케이스 스터디, 실습 자료 등을 꾸준히 발행하라. 이러한 콘텐츠는 당신을 '판매자'가 아닌 '전문가'로 포지셔닝한다.

세 번째는 **네트워킹과 협업**이다. 혼자 외치는 메시지보다, 다른 전문가와의 대화나 공동 프로젝트를 통해 퍼지는 메시지가 훨씬 강력하다. 세미나, 웨비나, 팟캐스트 게스트 출연, 책 집필 등 다양한 협업 기회를 적극적으로 찾고, 당신의 브랜드를 다른 플랫폼 위에 올려놓는 것이 필요하다.

마지막으로, **일관성과 지속성**이 무엇보다 중요하다. 브랜드는 단기 이벤트가 아니라 장기 프로젝트다. 오늘 올린 글이 즉각적으로 큰 반응을 얻지 않더라도 그 기록이 쌓여 결국 강력한 신뢰 자산이 된다. 브랜드 알리기는 마라톤이지 단거리 경주가 아니다.

결국, 시장에 브랜드를 알린다는 것은 단순히 더 많은 사람들에게 '나'를 보여주는 것이 아니라, **필요한 사람에게, 올바른 메시지를, 올바른 방식으로 전달하는 것**이다. 이 과정이 잘 이뤄지면 브랜드는 더 이상 '찾아다니는 존재'가 아니라 '찾아오는 존재'로 자리 잡게 된다.

나를 설명하는 단어
나를 대표하는 이야기
그 둘이 하나 될 때
브랜드는 탄생한다

〈이름〉

11장
포트폴리오·콘텐츠·프로필 재설계하기

"당신의 작업이 당신의 이야기를 말하게 하라."

폴 랜드

당신이 누구인지, 무엇을 잘하는지, 어떤 성과를 냈는지는 이제 검색 결과와 디지털 자산이 말해준다. 포트폴리오, 콘텐츠, 그리고 프로필은 AI 시대의 '디지털 명함'이며, 이 세 가지를 제대로 설계하면 오프라인 인맥보다 훨씬 넓은 기회를 만든다.

문제는 대부분 사람들이 자신의 디지털 자산을 '갱신'이 아니라 '방치'하고 있다는 점이다. 과거의 프로젝트나 낡은 자기소개가 여전히 자신을 대표한다면, 그 사이 당신의 경쟁력은 보이지 않게 퇴색한다.

이 장에서는 포트폴리오를 체계적으로 구성하는 법, 채널별 콘텐츠 전략, 그리고 링크드인(LinkedIn)·SNS 프로필 최적화 방법을 다룬다. 온라인에서의 첫인상이 곧 당신의 기회를 결정짓는 시대, 디지털 자산은 더 이상 부가 요소가 아니다.

디지털 자산의 중요성

오늘날 경력과 브랜드는 물리적 명함보다 디지털 공간에서 더 강하게 작동한다. 누군가 당신을 검색했을 때, 온라인에서 무엇을 발견하느냐가 곧 당신의 첫인상을 결정한다. 과거에는 학위나 경력 증명서가 신뢰를 보장했지만, 이제는 **디지털 자산**이 그것을 대신한다.

디지털 자산이란 단순히 웹사이트나 SNS 계정을 의미하지 않는다. 당신 이름과 브랜드를 대표하는 **모든 온라인 기반 콘텐츠와 기록**을 포함한다. 블로그에 남긴 글, 유튜브에 올린 영상, 발표 자료, 프로젝트 성과 페이지, 그리고 각종 플랫폼의 프로필이 모두 여기에 해당한다. 이 자산들이 모여 '당신이라는 브랜드'의 신뢰도를 형성한다.

이 자산이 중요한 이유는 세 가지다. 첫째, **접근성과 확장성**이다. 오프라인에서 만날 수 있는 사람의 수는 한정적이지만, 디지털 자산은 24시간 전 세계 누구에게나 열려 있다. 둘째, **지속성**이다. 한 번 올린 콘텐츠는 시간이 지나도 계속 검색되고,

새로운 고객이나 기회를 불러온다. 셋째, **검증성**이다. 단순히 "잘한다"는 자기 주장보다 축적된 디지털 기록이 훨씬 강력한 증거가 된다.

그러나 디지털 자산을 무작정 쌓는다고 해서 효과가 보장되진 않는다. **전략적인 설계**가 필요하다. 모든 채널에 동일한 메시지와 비주얼 아이덴티티를 유지하고, 타깃 오디언스가 자주 찾는 플랫폼에 우선 집중해야 한다. 또한, 자산은 주기적으로 업데이트해야 한다. 오래된 자료나 불완전한 정보는 오히려 신뢰를 떨어뜨릴 수 있다.

디지털 자산은 단순한 '자료 모음'이 아니라, 당신의 브랜드와 경력을 24시간 대신 홍보하고 설득하는 **무형의 영업사원**이다. 그리고 이 영업사원은 당신이 콘텐츠를 생산하고, 기록을 관리하고, 전략적으로 배치할수록 더 유능해진다. 결국, AI 시대의 경쟁력은 오프라인 명함보다 **온라인 발자국**에 달려 있다.

포트폴리오 플랫폼 선택법

포트폴리오는 단순한 작업물 나열이 아니라, **당신이 어떤 사람인지 보여주는 전략적 도구다.** 특히 AI 시대에는 플랫폼 선택이 곧 브랜딩 전략과 직결된다. 잘못된 플랫폼 선택은 뛰어난 콘텐츠를 묻히게 만들고, 반대로 올바른 플랫폼 선택은 콘텐츠의 도달과 신뢰도를 폭발적으로 높인다.

플랫폼 선택의 첫 번째 기준은 **목적**이다. 채용을 목표로 하는지, 프리랜서 클라이언트 유치를 원하는지, 혹은 전문성을 알리기 위한 퍼스널 브랜딩인지에 따라 플랫폼 성격이 달라져야 한다. 예를 들어, 디자이너나 크리에이티브 분야라면 Behance나 Dribbble 같은 시각 중심 플랫폼이 적합하다. 반면 기획, 마케팅, 글쓰기 중심이라면 노션, Medium, 링크드인이 더 효과적이다.

두 번째 기준은 **타깃 오디언스**다. 포트폴리오를 볼 사람들은 누구인지, 그들이 주로 활동하는 온라인 공간은 어디인지 파악해야 한다. 예를 들어, 해외 클라이언트를 대상으로 한다면 Upwork나 Fiverr, 그리고 글로벌 SNS 채널을 병행하는 것이 유리하다. 국내 취업이나 협업을 목표로 한다면 잡코리아, 원티드, 브런치 등의 로컬 플랫폼 활용이 효과적이다.

세 번째 기준은 **플랫폼의 확장성과 관리 용이성**이다. 일부 플랫폼은 파일 업로드 용량이나 디자인 커스터마이징이 제한적이어서 창의적 표현에 제약이 생길 수 있다. 또한, 포트폴리오가 늘어날수록 유지·보수가 편리한 구조인지도 중요하다. 특히 노션, Wix, Squarespace처럼 스스로 페이지를 업데이트할 수 있는 환경은 변화에 민첩하게 대응할 수 있다.

마지막으로, **플랫폼의 신뢰도**를 고려해야 한다. 이름 없는 플랫폼은 무료라고 해도 장기적으로 불리할 수 있다. 반면, 오랜 기간 운영되어온 플랫폼은 검색 노출과 보안 면에서 안정적이다. 가능하다면 주요 플랫폼과 개인 도메인을 병행해, 한 곳이 문제가 생겨도 포트폴리오 전체가 무너지지 않도록 안전망을 마련하는 것이 좋다.

결국, 포트폴리오 플랫폼 선택은 '어디가 가장 편한가'가 아니라 '내 브랜드를 어디에서 가장 빛나게 할 수 있는가'의 문제다. 이 질문에 대한 답이 명확해질 때, 플랫폼은 단순한 저장소를 넘어 당신의 경력 성장 엔진이 된다.

SNS·링크드인 최적화 전략

AI 시대의 경쟁력은 단순히 '무엇을 할 수 있는가'에서 끝나지 않는다. **그 능력을 어떻게 보여주고, 누구에게 도달하게 할 것인가**가 관건이다. 이를 위해서는 SNS와 링크드인을 단순한 소통 채널이 아니라 '브랜드 무대'로 재구성해야 한다.

우선, **일관된 브랜딩**이 필수다. 프로필 사진, 배너 이미지, 소개 문구, 게시물의 톤과 디자인까지 하나의 콘셉트를 유지해야 한다. 이를 통해 사용자가 어떤 플랫폼에서 당신을 만나더라도 같은 사람이라는 신뢰감을 얻는다. 특히 링크드인의 헤드라인과 About 섹션은 검색 최적화(SEO)의 출발점이므로, 핵심 키워드와 전문 분야를 명확하게 기재하는 것이 중요하다.

둘째, **콘텐츠의 가치와 형식**을 조율해야 한다. 링크드인에서는 전문 지식, 프로젝트 성과, 인사이트를 담은 긴 글이 신뢰도를 높인다. 반면 인스타그램, 페이스북, X(구 트위터) 등에서는 짧고 시각적으로 강렬한 콘텐츠가 더 큰 도달률을 만든다. 동일한 주제라도 플랫폼별로 형식을 달리해 '재활용 콘텐츠'를 만드는 전략이 필요하다.

셋째, **네트워크 확장과 관계 관리**에 적극적이어야 한다. 단순히 팔로워 수를 늘리는 것이 아니라, 업계 인플루언서, 잠재 고객, 동료 전문가와의 의미 있는 연결을 만들어야 한다. 링크드인에서는 관심 있는 사람의 게시물에 성의 있는 댓글을 남기고, 협업 제안이나 인터뷰 요청을 통해 실질적인 관계를 쌓을 수 있다.

마지막으로, **성과 측정과 개선**을 반복해야 한다. 각 플랫폼의 분석 도구를 활용해 어떤 콘텐츠가 반응이 좋은지, 어느 시간대에 도달률이 높은지를 파악하고, 이를 다음 콘텐츠 기획에 반영해야 한다. AI 기반 분석 툴을 연동하면 팔로워의 관심사와 행동 패턴까지 세밀하게 분석해 맞춤형 전략을 수립할 수 있다.

SNS와 링크드인은 단순히 '보여주는 창구'가 아니라, **당신의 전문성을 시장에 각인시키는 마케팅 엔진**이다. 이 엔진을 잘 다루는 사람은 취업, 프리랜스, 창업 어느 길에서든 기회를 끌어당길 수 있다.

온라인과 오프라인 연결하기

AI 시대에도 사람과 사람을 잇는 가장 강력한 매개는 여전히 '직접 만남'이다. 하지만 이제 그 만남은 온라인에서 시작해 오프라인으로 확장되거나, 반대로 오프라인에서의 인상을 온라인에서 지속적으로 강화하는 형태로 발전하고 있다. 따라서 온라인과 오프라인의 경계를 허물고, 두 영역을 유기적으로 연결하는 전략이 필요하다.

먼저, **온라인에서 관심을 끌어 오프라인으로 초대하는 방식**이다. 예를 들어 링크드인이나 인스타그램에서 진행하는 웨비나, 강연, 오프라인 네트워킹 이벤트를 정기적으로 홍보하고, 온라인에서 쌓은 신뢰를 실제 만남으로 이어간다. 온라인에서 이미 당신의 콘텐츠와 생각을 접한 사람들이 오프라인에서 만났을 때, 훨씬 깊이 있는 대화를 나누게 되고 관계가 단단해진다.

둘째, **오프라인에서의 경험을 온라인에 재활용하는 방식**이다. 강연, 세미나, 전시, 프로젝트 현장 사진과 후기를 SNS에 공유하면, 직접 참석하지 못한 사람도 간접적으로 그 가치를 경험할 수 있다. 이렇게 오프라인의 순간을 온라인에서 기록하고 확산하면, 단발성 만남이 장기적인 브랜드 자산으로 변한다.

셋째, **네트워크의 순환 구조**를 설계해야 한다. 오프라인에서 만난 사람에게는 반드시 온라인 프로필이나 포트폴리오 링크를 전달해 지속적인 교류의 접점을 만든다. 반대로 온라인에서 알게 된 사람과는 기회가 생길 때 꼭 오프라인으로 연결해 신뢰를 강화한다. 이 과정을 반복하면 네트워크는 단순한 '연락처 목록'이 아니라, 서로 도움을 주고받는 '생태계'로 성장한다.

마지막으로, **AI를 활용한 관계 관리**를 적용할 수 있다. 예를 들어 CRM(Customer Relationship Management) 툴과 AI 기반 일정 추천 기능을 결합해 중요한 사람들과의 후속 미팅이나 연락 시점을 놓치지 않도록 할 수 있다. 이렇게 디지털 기술과 인간적인 교류가 결합되면, 당신의 브랜드는 온·오프라인 어디서든 동일한 신뢰와 영향력을 발휘하게 된다.

결국, 온라인과 오프라인의 연결은 '두 세계의 통합'이 아니라, **한 사람의 브랜드를 입체적으로 만드는 필수 과정**이다. 이를 꾸준히 실천하는 사람만이 네트워크의 깊이와 넓이를 동시에 확장할 수 있다.

흩어진 조각을 모으니
하나의 그림이 보인다
그 그림 속에서
미래의 내가 웃고 있다
〈그림〉

12장
AI 활용 경력 설계 로드맵

"계획 없는 목표는 그저 꿈일 뿐이다."

앙투안 드 생텍쥐페리

AI는 수많은 직무를 변화시키고, 새로운 기회를 창출하며, 일부 일자리를 대체한다. 하지만 AI를 '경력 확장의 동력'으로 쓰는 사람은 이 변화를 두려워하지 않는다. 오히려 변화 속에서 방향을 잡고, 새롭게 설계한 커리어를 통해 더 큰 가치를 만든다.

경력 설계는 더 이상 10년 단위로 짜는 장기 계획만이 아니다. AI 시대에는 단기·중기·장기 플랜이 동시에 돌아가는 유연한 경력 전략이 필요하다. 직무를 확장하거나, 프리랜서·창업으로 전환하거나, 새로운 분야로 도전할 때도 AI를 적극적으로 활용할 수 있다.

이 장에서는 경력 재설계의 3단계 구조와 실전 전략을 소개하며, 장기적으로도 유효한 성장 플랜을 만드는 방법을 제시한다. 목표는 단 하나, AI 시대에도 '나만의 커리어'를 계속 확장하는 것이다.

경력 재설계 3단계

AI 시대의 경력 설계는 더 이상 직선형이 아니다. 과거에는 한 분야에서 오랜 시간을 쌓아 전문성을 키우는 방식이 일반적이었지만, 이제는 기술 변화 속도가 너무 빨라 한 번 정한 길만 고집하기 어렵다. 따라서 경력 재설계는 단발적인 전환이 아니라, **계속해서 방향을 점검하고 수정하는 반복적 과정**이어야 한다. 이를 위해 세 단계 전략이 필요하다.

1단계: 현 위치 진단

첫 번째 단계는 현재 자신의 경력 자산을 객관적으로 분석하는 것이다. 보유한 기술, 경험, 네트워크, 그리고 시장에서의 가치까지 종합적으로 평가한다. AI 툴을 활용하면 이 과정을 더욱 정밀하게 할 수 있다. 예를 들어, AI 기반 자기 분석 서비스나 채용 플랫폼의 데이터 분석 기능을 사용해 자신의 기술 스택이 어떤 산업에서 수요가 높은지, 어떤 역량이 부족한지를 구체적으로 확인할 수 있다. 이 단계에서 중요한 것은 '나는 무엇을 잘하는가?'라는 질문에만 머물지 않고, '이 강점을 어디에 쓸 수 있는가?'까지 생각하는 것이다.

2단계: 방향 설정

두 번째 단계는 앞으로 가야 할 길을 설계하는 것이다. 여기서 AI가 강력한 나침반 역할을 한다. 미래 유망 직종 예측, 산업별 성장률 분석, 그리고 자신의 강점과 맞는 직무 추천까지 AI가 제공하는 데이터를 참고하면, 감에 의존하지 않고 근거 있는 선택을 할 수 있다. 이때 단기 목표와 장기 목표를 구분해 설정하고, 변화 가능성을 염두에 둔 유연한 로드맵을 만든다. 예를 들어, 단기적으로는 AI 툴을 활용해 현재 직무의 효율성을 높이고, 장기적으로는 AI 중심의 신사업 분야로 확장하는 전략을 세울 수 있다.

3단계: 실행과 조정

마지막 단계는 실제 행동으로 옮기고, 상황에 따라 조정하는 것이다. 계획만 세우고 실행하지 않으면 변화는 일어나지 않는다. 새로운 프로젝트에 참여하거나, 추가 교육을 받거나, AI 관련 자격증을 취득하는 식으로 적극적으로 움직인다. 실행 과정에서 AI를 코치처럼 활용하면 효율성이 높아진다. 예를 들어,

업무 자동화 툴로 시간을 절약하고, 생성형 AI로 기획안을 빠르게 작성하거나, 데이터 분석 AI로 성과를 점검할 수 있다. 중요한 것은, 시장 변화나 기술 발전 속도가 예상을 뛰어넘을 경우 로드맵을 신속하게 수정하는 유연함이다.

이 세 단계를 꾸준히 반복하면, 경력은 더 이상 변화에 끌려다니는 불안정한 길이 아니라, **AI와 함께 설계하고 조정하는 안정적인 성장 궤도**에 올라서게 된다. AI 시대에 '대체 불가능한 나'를 만드는 첫걸음은 바로 이 경력 재설계 과정에서 시작된다.

직무 확장 전략

AI 시대의 직무 확장은 단순히 업무 범위를 넓히는 것을 의미하지 않는다. 그것은 **자신의 핵심 역량을 유지하면서도, 새로운 기술과 역할을 흡수해 가치를 증폭시키는 과정**이다. 예전에는 같은 업계, 같은 직무 안에서 승진을 목표로 했다면, 이제는 업계를 넘나들고 직무 경계를 허무는 '확장'이 필수 전략이 되었다.

첫 번째 전략은 **기존 업무와 AI 역량의 결합**이다. 예를 들어,

마케팅 담당자라면 단순히 광고 캠페인을 운영하는 데 그치지 않고, AI 기반 고객 분석 툴을 사용해 타깃 세그먼트를 정밀하게 나누고 개인화된 콘텐츠를 자동 생성하는 역량을 더한다. 이렇게 하면 단순 마케터에서 데이터 기반 AI 마케터로 진화할 수 있다.

두 번째 전략은 **수평적 확장**이다. 이는 동일한 수준의 난이도를 가진 다른 영역의 기술을 습득하는 방법이다. 예를 들어, 콘텐츠 제작자가 데이터 분석 역량을 익혀 콘텐츠 성과를 수치로 분석할 수 있다면, 창의성과 분석력을 동시에 갖춘 인재로 자리매김하게 된다. 수평적 확장은 다양한 부서와 프로젝트에 기여할 수 있는 기회를 늘려준다.

세 번째 전략은 **수직적 확장**이다. 이는 더 높은 수준의 전문성을 향해 나아가는 과정이다. AI 툴을 단순히 사용하는 것을 넘어, 그 알고리즘의 구조와 원리를 이해하거나 새로운 AI 기능을 개발·기획할 수 있는 수준으로 성장하는 것이다. 수직적 확장은 개인의 시장가치를 단기간에 높이는 강력한 수단이 된다.

마지막 전략은 **연결 확장**이다. 혼자서 모든 것을 배우고 실행하는 데에는 한계가 있다. 따라서 AI 전문가, 디자이너, 엔지니어, 기획자 등 서로 다른 분야의 전문가들과 네트워크를 구축하고 협업하는 것이 중요하다. 이러한 연결은 혼자서는 진입하기 어려운 프로젝트나 시장에 진입할 수 있는 문을 열어준다.

직무 확장은 단기적인 스킬 업그레이드가 아니라, **AI 시대에 생존하고 성장하기 위한 필수적 진화 과정**이다. 확장된 직무 역량은 경력의 안정성을 높이고 더 많은 기회를 끌어당기는 자석이 된다.

프리랜서·창업 전환법

AI 시대의 프리랜서와 창업은 과거와 전혀 다른 형태로 진화하고 있다. 과거에는 사무실, 장비, 인력 등 물리적 자원이 창업의 전제조건이었다면, 이제는 **AI와 인터넷이 그 격차를 크게 줄였다.** 한 명의 프리랜서가 글로벌 시장에 서비스를 제공하거나, 소규모 창업팀이 전 세계 고객을 대상으로 사업을 운영하는 것이 가능해졌다.

프리랜서 전환의 첫걸음은 **자신의 전문성을 상품화하는 것**이다. 단순히 기술을 '보유'하는 것을 넘어, 그 기술을 패키지로 묶어 서비스 형태로 제공해야 한다. 예를 들어, 글쓰기 전문가라면 AI 도구를 활용해 '기업 맞춤형 콘텐츠 제작 서비스'를 만들고, 디자인 전문가라면 AI 이미지 생성 툴과 후처리 기술을 결합해 '브랜드 아이덴티티 제작 패키지'를 제공할 수 있다.

창업을 고려한다면, 핵심은 **비용 구조를 최소화하면서도 빠**

르게 시장에 진입하는 것이다. AI는 기획, 마케팅, 고객 관리, 데이터 분석 등 거의 모든 초기 업무를 보조하거나 대체할 수 있으므로 인건비와 운영비 부담을 획기적으로 줄여준다. 이를 통해 초기 자본이 많지 않아도 테스트 가능한 MVP(Minimum Viable Product, 최소기능제품)를 빠르게 출시할 수 있다.

프리랜서와 창업 모두에서 중요한 전략은 **글로벌 플랫폼 활용**이다. Fiverr, Upwork, Etsy, Gumroad 같은 프리랜서·디지털 상품 플랫폼을 활용하면 초기 마케팅 비용 없이도 세계 시장에 진입할 수 있다. 여기에 SNS, 유튜브, 뉴스레터 등 개인 브랜딩 채널을 결합하면 고객을 끌어들이는 지속 가능한 마케팅 파이프라인을 만들 수 있다.

무엇보다 중요한 것은 **AI를 단순 도구가 아니라 성장 파트너로 인식하는 관점**이다. 아이디어 발상, 시장 분석, 콘텐츠 제작, 고객 피드백 수집까지 AI를 전 과정에 통합하면, 한 사람이 수십 명의 역량을 발휘하는 '솔로프러너(Solopreneur)'로 활동할 수 있다. 이런 방식의 전환은 단순한 직업 변화가 아니라, **자신의 일과 삶을 원하는 방향으로 재설계하는 기회**가 된다.

장기 경력 성장 플랜

AI 시대의 경력 설계는 단기적인 목표만으로는 불충분하다. 빠르게 변화하는 기술과 산업 환경 속에서 지속적으로 성장하려면, **5년·10년 후에도 경쟁력을 유지할 수 있는 장기 로드맵**이 필요하다. 이를 위해 가장 먼저 해야 할 일은 자신의 전문 영역과 관련된 **기술·시장 변화의 흐름을 꾸준히 추적**하는 것이다. AI와 데이터 기술의 발전 방향, 신흥 산업의 부상, 글로벌 인재 수요 등을 이해해야 다음 이동 경로를 정확히 설정할 수 있다.

장기 경력 성장의 핵심은 **지속적인 학습과 역량 확장**이다. 기존 전문성을 더 깊게 파고드는 동시에, 이를 보완하거나 확장할 수 있는 인접 기술을 습득하는 것이 중요하다. 예를 들어, 마케팅 전문가라면 데이터 분석과 AI 마케팅 자동화를, 개발자라면 비즈니스 전략과 디자인 사고를 익히는 식이다. 이런 'T자형 인재' 전략은 변화에 대응하는 유연성과 기회를 동시에 제공한다.

또한 장기적인 성장은 **관계 자본**을 어떻게 쌓느냐에 달려 있다. 업계 내에서 신뢰받는 동료, 멘토, 협력 파트너를 확보하면, 새로운 기회가 생길 때 가장 먼저 제안이 온다. 이를 위해서는 네트워킹을 일회성 이벤트로 보지 말고, 장기간 신뢰를 쌓는 관계 관리 전략을 세워야 한다.

마지막으로, 경력 플랜에는 '**유연한 전환 시나리오**'가 포함되어야 한다. 하나의 직무나 산업이 예상치 못하게 침체되거나 사라질 수 있는 시대이므로, 주 경로(Main Track)와 함께 보조 경로(Sub Track)를 준비해야 한다. 이렇게 하면 환경 변화가 닥쳤을 때 방향을 잃지 않고 신속하게 새로운 길로 이동할 수 있다.

장기 경력 성장 플랜은 단순한 계획표가 아니라, **변화 속에서도 나를 잃지 않게 해주는 나침반**이다. AI 시대에는 이 나침반을 손에 쥔 사람이 끝까지 살아남고, 더 멀리 나아갈 수 있다.

> 길은 정해져 있지 않다
> 나의 손끝에서 그려진다
> 지도 위에 작은 점을 찍고
> 그 점들이 선이 되는 순간
> 〈나의 길〉

"나는 아직도 배우고 있다."

- 미켈란젤로

5부

AI 시대 평생 성장 전략

AI 기술은 멈추지 않는다. 오늘 배운 것이 내일은 구식이 되고, 오늘의 유망 직업이 몇 년 뒤 사라질 수 있다. 이런 시대에 필요한 것은 '한 번 배운 기술'이 아니라, **평생 성장할 수 있는 시스템**이다. 매일 조금씩 배우고, 실패를 자산으로 삼고, 환경이 바뀔 때마다 유연하게 적응하는 힘이야말로 궁극적인 경쟁력이다.

성공은 한 번의 프로젝트나 운 좋은 기회로 완성되지 않는다. 오히려 그것은 수많은 시도와 조정, 피드백과 개선의 반복 속에서 만들어진다.

5부에서는 지속적으로 배우고 성장하는 습관, 실패를 분석하고 재도전하는 피드백 루프, 그리고 미래에도 유효한 나만의 성공 공식을 설계하는 법을 살펴본다. 이 장을 마칠 때쯤, 당신은 단순히 'AI 시대를 버티는 사람'이 아니라, **AI 시대를 주도하는 사람**이 되어 있을 것이다.

13장

학습하는 인간
: 매일 1% 성장 시스템

"멈추지 않는 한, 얼마나 느리게 가는지는 중요하지 않다."

공자

AI 시대의 경쟁은 속도가 아니라 지속성에서 갈린다. 새로운 기술과 도구는 하루가 멀다 하고 쏟아지고, 어제의 지식이 오늘은 낡아질 수 있다. 이런 환경에서 살아남는 사람은 '한 번의 폭발적인 성취'를 이룬 사람이 아니라, 매일 조금씩 성장하는 시스템을 갖춘 사람이다.

매일 1%의 성장은 작아 보이지만, 1년이면 놀라운 차이를 만든다. 문제는 대부분 사람들이 학습을 '목표'로만 두고, 이를 유지하게 해줄 습관과 구조를 만들지 않는다는 점이다.

이 장에서는 마이크로러닝을 통한 짧고 강력한 학습법, AI를 개인 학습 코치로 활용하는 방법, 그리고 일상 속에 학습 루틴을 녹이는 전략을 다룬다. 목표는 '공부'가 아니라 '성장'이며, 그 성장은 평생 멈추지 않아야 한다.

지속 학습의 힘

AI 시대에 가장 큰 격차는 '정보를 알고 있는가'가 아니라 '배운 것을 얼마나 빠르게 적용하는가'에서 생긴다. 변화 속도가 폭발적으로 빨라진 지금, 한 번 배운 지식은 금세 낡아지고, 한 번 익힌 기술은 몇 년 안에 무용지물이 될 수 있다. 이런 환경에서 살아남는 유일한 방법은, 배움을 일시적인 이벤트가 아닌 **평생의 습관**으로 만드는 것이다. 매일 조금씩, 꾸준히 성장하는 사람이 결국 가장 멀리 간다.

지속 학습의 진정한 힘은 **복리(複利) 효과**에 있다. 매일 1%씩만 나아져도 1년 뒤에는 지금보다 37배 성장한다는 계산은 단순하지만 강력하다. 이 성장은 눈에 띄지 않게 서서히 쌓이지만, 어느 순간 주변이 깜짝 놀랄 만큼 큰 차이를 만들어낸다. 중요한 건 속도가 아니라 방향이고, 단기간의 몰입보다 장기간의 일관성이 더 큰 힘을 발휘한다.

또한 꾸준한 학습은 자신감을 만든다. 새로운 기술과 지식을 계속 흡수하다 보면, 변화에 대한 두려움이 줄고 오히려 변화를 기회로 받아들이게 된다. 그 과정에서 '**나는 언제든 새로운 것을 배울 수 있는 사람**'이라는 자기 이미지가 형성되고, 이는 장기적으로 경력과 삶 전반에 긍정적인 영향을 준다.

결국 지속 학습은 생존 전략이자 성장 엔진이다. AI가 세상을 재편하는 시대일수록 학습을 멈추는 순간 경쟁에서 멀어지고, 학습을 이어가는 순간 새로운 기회의 문이 열린다. 변화가 두렵다면 그 두려움을 줄이는 가장 확실한 방법은 매일 조금씩 배우는 것이다.

마이크로러닝 활용법

마이크로러닝(Microlearning)은 거창한 학습 계획 없이도, 일상 속 짧은 틈을 활용해 빠르게 지식을 흡수하는 방법이다. 한 번에 5~10분 정도의 학습 단위를 반복하는 것이 핵심이다. 긴 강의나 두꺼운 책을 한 번에 끝내려다 지쳐버리는 대신, 작은 단위로 쪼개서 부담 없이 소화하면 학습 지속성이 비약적으로 높아진다.

이 방식이 AI 시대에 특히 효과적인 이유는, 새로운 정보가 끊임없이 쏟아지는 환경에서 '**필요할 때 바로 배우고, 바로 적용할 수 있기 때문**'이다. 예를 들어 새로운 AI 툴을 익혀야 한다면, 매뉴얼을 하루 종일 붙들고 있기보다 짧은 튜토리얼 영상을 보고 바로 실습해보는 것이 훨씬 효율적이다. 이처럼 학습과 실습을 빠른 사이클로 돌리는 것이 마이크로러닝의 강점이다.

마이크로러닝을 제대로 활용하려면 학습 환경을 생활 속에 심어야 한다. 출퇴근길에 오디오북이나 팟캐스트를 듣고, 점심시간에 짧은 온라인 강의를 시청하거나, 하루 목표를 '새로운 개념 하나 배우기'로 정하는 식이다. 이렇게 하면 학습이 특별한 이벤트가 아니라 하루의 자연스러운 일부가 된다.

또한 AI를 마이크로러닝 파트너로 활용하면 효과가 배가된다. 예를 들어 ChatGPT 같은 생성형 AI를 통해 모르는 개념을 5분 안에 요약받거나, 내가 이해한 내용을 바로 점검받을 수 있다. 즉, AI를 '실시간 학습 코치'로 두는 것이다. 이렇게 짧고 반복적인 학습은 결국 장기적으로 엄청난 지식 자산을 쌓아올리는 힘이 된다.

AI를 학습 코치로 만들기

AI를 학습 코치로 활용한다는 것은 단순히 검색 엔진을 사용하는 것과는 다르다. AI는 나의 수준, 목표, 선호하는 학습 방식에 맞춰 학습 경로를 설계하고, 필요한 자료를 찾아주며, 심지어 실습 문제와 피드백까지 제공할 수 있다. 예를 들어 영어를 배우고자 할 때, AI에게 '내 발음과 문장 표현을 피드백해달라'고 요청하면 AI는 발음을 분석하거나 어휘 대안을 제시해준다. 이것은 마치 개인 과외 교사를 24시간 옆에 두는 것과 같다.

AI 학습 코치의 가장 큰 장점은 맞춤형 피드백의 속도다. 전통적인 학습에서는 시험을 보고, 채점 결과를 기다리고, 선생님에게 피드백을 받는 데 시간이 걸린다. 하지만 AI는 즉시 분석과 피드백을 제공해 잘못된 개념이나 습관을 바로잡을 시간을 절약해준다. 이는 학습 곡선을 단축시키고, 불필요한 반복을 줄여준다.

또한 AI를 학습 코치로 쓰면 학습 과정이 훨씬 능동적이 된다. AI에게 '오늘 배운 개념을 3분 안에 설명하게 해달라'거나, '내가 만든 계획을 평가해달라'고 요청할 수 있다. AI는 그 자리에서 추가 설명이나 대안을 제시하므로 학습자는 단순 소비자가 아니라 '능동적인 설계자'가 된다.

중요한 것은 AI를 '보조 수단'이 아닌 '동반자'로 인식하는 것이다. AI가 주는 답을 그대로 받아들이는 대신, 그 이유를 묻고, 대안을 비교하며, 나의 관점과 결합해야 한다. 이렇게 AI를 활용하면 단순한 정보 습득을 넘어 **비판적 사고와 창의적 문제 해결 능력**까지 함께 키울 수 있다.

성장 습관 형성하기

성장은 단기간의 폭발적인 몰입보다 장기간의 꾸준한 반복에서 비롯된다. 하루 1시간씩 투자하는 학습은 일주일 후, 한 달 후에는 눈에 띄지 않을 수 있지만, 1년이 지나면 완전히 다른 결과를 만들어낸다. 핵심은 '대단한 결심'이 아니라, 매일 실천 가능한 작은 루틴을 만드는 것이다. 예를 들어 하루를 시작하기 전에 15분간 새로운 자료를 읽거나, 자기 전에 AI에게 하루 배운 내용을 요약하게 하는 습관을 들이는 것만으로도 성장 속도는 눈에 띄게 달라진다.

습관 형성에는 **환경 설계**가 큰 영향을 미친다. 책상 위에 교재를 미리 꺼내두거나, AI 학습 앱을 스마트폰 첫 화면에 두는 단순한 행동이 학습 진입 장벽을 낮춘다. 반대로 방해 요소는 과감히 제거해야 한다. 학습 시간에 스마트폰 알림을 꺼두는 것, 필요 없는 앱을 삭제하는 것 역시 성장 환경을 지키는 방법이다.

또 하나 중요한 것은 **작은 성공의 축적**이다. 오늘 목표한 학습량을 달성했을 때 스스로를 인정하고 다음 단계로 나아갈 동력을 확보하는 것이다. 이 과정에서 AI를 '진행 상황 기록자'로 활용하면 좋다. 매일의 학습 내용, 성취도, 개선점 등을 AI에게 기록하고 분석하게 하면 데이터 기반의 성장 관리가 가능해진다.

    성장 습관은 결국 '나 자신과의 신뢰'를 만드는 일이다. 내가 나와 한 약속을 지킬 때, 그 신뢰는 자기 효능감을 높이고 더 큰 도전에 나설 용기를 준다. AI 시대에도 변하지 않는 진리는 하나다. 꾸준히 배우고 실행하는 사람만이 변화 속에서도 자신의 위치를 지키고 더 높은 곳으로 올라갈 수 있다는 것이다.

거인의 발자국도

작은 발걸음에서 시작된다

나는 오늘도

1%를 걷는다

〈1%〉

14장
실패를 자산으로 만드는 피드백 루프

"실패는 더 똑똑하게 다시 시작할 기회다."

헨리 포드

대부분 사람들은 실패를 '피해야 할 사건'으로 여긴다. 그러나 AI 시대의 불확실성과 속도 속에서는 실패를 완전히 피하는 것이 불가능하다. 오히려 실패를 얼마나 빨리, 그리고 잘 활용하느냐가 성공의 차이를 만든다.

실패는 데이터다. 데이터는 분석하면 통찰을 주고, 통찰은 다음 시도를 더 강하게 만든다. 이것이 바로 피드백 루프의 힘이다. 작은 실패를 자주 경험하고, 이를 분석해 개선점을 찾아내며, 재도전의 속도를 높이는 사람은 더 빨리 성장한다.

이 장에서는 실패 데이터를 수집하는 구체적 방법, 분석을 통해 도출하는 개선 전략, 그리고 회고·재도전 시스템을 만드는 법을 다룬다. 실패가 두려움에서 벗어나 '성장 촉매'가 되는 순간, 당신의 커리어 곡선은 가파르게 상승할 것이다.

실패 데이터 수집하는 법

대부분 사람들은 실패를 피하고 싶어하지만, 진정한 성장은 실패 속에서 피드백을 찾아내는 과정에서 이루어진다. 문제는 많은 경우, 실패를 겪더라도 그 원인과 과정을 제대로 기록하지 않고 잊어버린다는 점이다. 마치 실험에서 결과만 보고 과정의 데이터를 버리는 것과 같다. AI 시대의 학습자와 전문가라면 실패를 하나의 **데이터셋**으로 보고, 이를 꾸준히 축적해야 한다.

실패 데이터를 수집하는 첫 단계는 **사실 기록**이다. '무슨 일이 일어났는가'를 감정 없이, 가능한 구체적으로 남겨야 한다. 예를 들어 프레젠테이션에서 좋은 반응을 얻지 못했다면, '발표가 별로였다'는 모호한 표현 대신 '슬라이드 3~5페이지에서 청중의 시선이 자주 떨어졌고, Q&A 시간에 질문이 1개뿐이었다'처럼 수치와 관찰을 포함한다.

다음 단계는 **원인과 맥락 기록**이다. 단순히 결과를 기록하는 데 그치지 않고, 그 결과가 왜 발생했는지 당시의 상황, 의사결정, 사용한 도구나 방법 등을 함께 적는다. 이때 AI를 '대화형 분석가'로 활용하면 좋다. AI에게 "이번 발표에서 청중 반응이 저조했던 이유를 분석해줘"라고 요청하면, 놓치기 쉬운 패턴이나 변수를 제안받을 수 있다.

마지막으로, 실패 데이터를 **재사용 가능한 자산**으로 전환해야 한다. 단순한 기록은 시간이 지나면 기억 속에서 사라지지만, 이를 분석해 개선 아이디어와 함께 저장하면 다음 시도 때 바로 참고할 수 있는 실행 가이드가 된다. 이렇게 축적된 '실패 데이터베이스'는 개인의 성장 속도를 기하급수적으로 높이는 숨은 자산이 된다.

개선점을 찾아내는 분석법

실패 데이터를 수집했다면, 이제 그것을 가공해 개선의 실마리를 찾아내야 한다. 많은 사람이 이 단계에서 감정적인 자기비난이나 변명에 빠진다. 그러나 분석의 목적은 자책이나 합리화가 아니라, **구체적 행동 변화로 이어질 수 있는 통찰**을 얻는 것이다.

첫 번째 방법은 **패턴 분석**이다. 과거의 실패 사례를 여러 개 나열하고, 공통적으로 반복되는 요소를 찾아낸다. 예를 들어 프로젝트 일정이 자주 지연된다면, 그 원인이 '초기 계획 단계의 낙관적 추정'인지, '중간 점검 부재'인지, 혹은 '외부 의존도가 높은 작업 구조'인지 파악할 수 있다. 패턴은 개선의 우선순위를 정하는 나침반이 된다.

두 번째는 **원인 분해**다. 실패 원인을 한 줄로 정의하지 않고, '사람(역할) – 프로세스 – 도구 – 환경'이라는 4개 축으로 나눠본다. 예를 들어 마케팅 캠페인이 성과를 내지 못했다면, 이는 '타깃 분석 부정확(사람)', '테스트 부족(프로세스)', '부적절한 광고 플랫폼 선택(도구)', '시장 변화 타이밍 미스(환경)'처럼 세분화할 수 있다. 이렇게 세분화하면 각 영역별로 어떤 개선이 필요한지 명확해진다.

세 번째는 **AI 보조 분석**의 활용이다. AI에게 실패 데이터를 입력하고 "이 사례에서 개선 가능한 행동 5가지를 제안해줘"라고 요청하면, 인간이 미처 생각지 못한 해결책을 발견할 수 있다. AI는 방대한 사례와 패턴을 기반으로 불필요한 추측을 줄이고 실행 가능성이 높은 아이디어를 빠르게 제시한다.

마지막으로, 분석 후에는 반드시 **실험 계획**으로 이어져야 한다. 개선점이 아무리 훌륭해도 실행되지 않으면 그것은 그저 종이 위의 글일 뿐이다. 분석 – 개선 – 실험이라는 루프를 빠르게 돌리는 사람이 AI 시대에도 계속 성장하는 사람이다.

'작은 실패'의 가치

많은 사람이 실패를 가능하면 피해야 할 부정적인 사건으로만 인식한다. 그러나 AI 시대의 경쟁 환경에서는 '작은 실패'를 오히려 의도적으로 설계하는 것이 필요하다. 작은 실패는 손실이 크지 않으면서도 새로운 시도를 통해 배움을 얻을 수 있는 안전한 실험장이기 때문이다.

작은 실패의 핵심 가치는 **학습 속도를 높인다**는 데 있다. 대규모 프로젝트에서 한 번에 모든 것을 걸고 실패하면 손실이 너무 커서 재도전이 어려워진다. 하지만 작은 단위로 나누어 테스트를 반복하면 빠르게 피드백을 받고 다음 시도에 반영할 수 있다. 이는 소프트웨어 개발에서 '애자일(Agile)' 방식이 강조하는 원리와도 같다.

또한 작은 실패는 **위험 감내 능력을 훈련**시킨다. AI와 함께 일하는 시대에는 변화 속도가 너무 빨라 한 번의 성공 공식만으로는 오래 버티기 어렵다. 크고 안전한 성공만을 추구하면 환경이 바뀌었을 때 전혀 대응하지 못하는 '위험 회피형 전문가'가 될 수 있다. 반면, 작은 실패에 익숙한 사람은 변화에 대한 두려움이 적고, 빠르게 방향을 전환할 수 있다.

마지막으로, 작은 실패는 **창의적 실험의 토양**이 된다. 완벽주의를 내려놓고 시도할 수 있는 환경이 만들어지면 그 안에서 더 대담하고 새로운 아이디어가 나온다. 이때 AI를 실험 파트너로 활용하면 실패 비용은 더욱 줄고 시도 횟수는 기하급수적으로 늘어난다. 결과적으로, 작은 실패를 쌓아올린 사람만이 큰 성공을 감당할 수 있는 역량과 자신감을 얻게 된다.

회고와 재도전 시스템 만들기

성공과 실패를 단순한 결과로만 소비하는 사람과, 그것을 다음 도약의 연료로 전환하는 사람 사이에는 커다란 차이가 있다. 이 차이를 만드는 것이 바로 '회고와 재도전 시스템'이다. 회고는 단순한 반성문 쓰기가 아니라, 경험을 데이터처럼 분석하고 패턴을 추출하는 과정이다. 이를 통해 우리는 같은 실수를 반복하지 않게 되고, 더 나은 선택지를 만들 수 있다.

회고를 효과적으로 하려면 **정기적인 루틴**이 필요하다. 프로젝트가 끝난 후나 일정 기간이 지났을 때, 무엇이 잘됐고 무엇이 부족했는지 구체적으로 기록하는 시간을 확보해야 한다. 특히 감정에 휘둘리지 않고 사실과 해석을 분리하는 것이 중요하다. 이를 위해 '사실(Fact) – 원인(Cause) – 개선(Action)'의 3단계 구조를 활용하면 좋다.

하지만 회고만으로는 충분하지 않다. 회고에서 나온 인사이트를 실제 행동으로 옮기는 **재도전 계획**이 뒤따라야 한다. 작은 실험부터 다시 시작하고, 이전보다 한 단계 발전된 목표를 설정해야 한다. 이때 AI는 재도전 효율을 높이는 든든한 조력자가 된다. 예를 들어, 실패 원인을 분석해 유사한 상황에서의 예측 모델을 만들거나, 새로운 시도의 실행 계획을 자동화해 속도를 높일 수 있다.

결국, 회고와 재도전은 단발적인 이벤트가 아니라 **평생 반복하는 성장 사이클**이어야 한다. 실패에서 배우고, 배우면서 다시 시도하며, 시도 속에서 또 새로운 데이터를 쌓는 이 순환 구조가 자리 잡을 때, 우리는 AI 시대에도 무너지지 않는 자기 성장 엔진을 얻게 된다.

넘어지는 건 실패가 아니다
다시 일어나지 않는 게 실패다
나는 무릎의 먼지를 털고
다시 선다
〈다시 서기〉

15장
미래에도 유효한 나만의 성공 공식

"성공은 준비와 기회가 만나는 지점이다."

세네카

유행하는 기술, 시장의 흐름, 직업 구조는 끊임없이 변한다. 하지만 변하지 않는 것이 있다면, 그것은 자신만의 성공 공식이다. 성공 공식이란 우연히 만들어지는 것이 아니라 수많은 시도와 선택을 거쳐 정립된 '나만의 작동 원리'다.

이 공식은 가치관, 핵심 역량, 그리고 네트워크라는 세 축으로 이루어진다. 가치관은 나의 방향을 결정하고, 핵심 역량은 그 방향으로 나아갈 수 있는 힘을 제공하며, 네트워크는 그 길에서 기회를 만들어준다.

이 장에서는 미래에도 흔들리지 않을 성공 공식을 설계하는 법, 핵심 역량을 유지·업그레이드하는 방법, 그리고 네트워크를 지속적으로 관리·확장하는 전략을 다룬다. AI 시대에도 이 공식만 있다면 당신은 변화 속에서도 흔들리지 않는 성과를 만들어낼 수 있다.

성공 공식의 3요소

AI 시대에도 변하지 않는 성공의 원칙이 있다. 기술과 트렌드는 바뀌어도 이 세 가지 요소를 갖춘 사람은 어떤 환경에서도 기회를 만들어낸다. 그 첫 번째 요소는 **명확한 방향성**이다. 방향이 없는 속도는 오히려 위험하다. 아무리 빠르게 달려도 잘못된 길이라면 목적지와 멀어질 뿐이다. 자신의 가치관과 목표를 기반으로 장기적으로 나아갈 방향을 선명하게 설정해야 한다. 이 방향성은 변화가 심한 시대일수록 더 중요하다. 외부 환경이 흔들릴수록 흔들리지 않는 나만의 나침반이 필요하기 때문이다.

두 번째 요소는 **차별화된 역량**이다. 누구나 할 수 있는 일을 잘하는 것만으로는 부족하다. 기계가 대신하기 어려운 영역, 혹은 다른 사람보다 탁월하게 잘할 수 있는 영역을 찾아내고 꾸준히 갈고닦아야 한다. 이 과정에서 AI는 강력한 도구가 될 수 있다. 반복적인 일을 AI에 맡기고, 남는 에너지를 창의적·전략적 업무에 집중하면 나만의 전문성이 더욱 빠르게 성장한다.

마지막 요소는 **지속 가능한 네트워크**다. 혼자만의 역량과 방향성으로는 한계가 있다. 나를 지지해주는 사람, 서로 배우고 자극을 주는 사람, 기회를 연결해주는 사람이 함께할 때 성장 속도와 폭이 확장된다. 네트워크는 단순히 '아는 사람' 수가 아니라 관계의 깊이와 신뢰로 측정된다. AI 도구를 활용하면 네트워킹도 더 전략적으로 할 수 있다. 중요한 연락을 잊지 않도록 리마인드하거나, 맞춤형 메시지를 준비해 관계를 이어가는 방식이다.

이 세 가지―방향성, 차별화된 역량, 지속 가능한 네트워크―는 서로 유기적으로 연결된다. 방향성이 역량 개발의 기준이 되고, 역량이 네트워크 신뢰를 높이며, 네트워크가 다시 새로운 방향과 기회를 제공한다. 이 선순환 구조를 설계하고 유지하는 것이 AI 시대에도 흔들리지 않는 성공 공식이다.

나만의 가치관 세우기

가치관은 인생의 모든 선택과 행동을 결정하는 보이지 않는 기준이다. AI 시대처럼 변화가 빠른 환경에서는 외부 기준에 휘둘리기보다, 스스로 정한 가치관을 중심에 두는 것이 더욱 중요하다. 그렇지 않으면 사회의 유행과 알고리즘이 나의 삶을 대신 설계하게 된다. 가치관이란 결국 "나는 어떤 사람이 되고 싶은가?", "어떤 상황에서도 놓치지 않을 원칙은 무엇인가?"라는 질문에 대한 대답이다.

가치관을 세울 때는 막연한 단어 몇 개를 적어두는 것에서 그치지 말아야 한다. 예를 들어 '정직'이라는 단어를 선택했다면, 그것이 실제 삶에서 어떤 행동으로 드러나야 하는지 구체적으로 정의해야 한다. '정직'은 단순히 거짓말을 하지 않는 것이 아니라, 잘못을 인정하는 용기, 약속을 지키는 태도, 결과를 왜곡하지 않는 정직한 보고까지 포함되는 개념이다. 이런 식으로 각 가치관을 실천 가능한 행동 기준으로 변환하면 일상에서 더 쉽게 적용할 수 있다.

AI 시대의 경쟁력은 기술뿐 아니라 **일관성 있는 사람**에게서 나온다. 내가 중요하게 여기는 가치가 명확하면, 어떤 프로젝트를 맡든 어떤 직업을 선택하든 그 안에서 나만의 기준을 유지할 수 있다. 이는 브랜드와 평판의 근간이 되며, 장기적인 신뢰 자산으로 축적된다.

가치관을 세우는 일은 한 번으로 끝나지 않는다. 삶의 경험이 쌓이고 환경이 변하면서, 때로는 우선순위를 조정하거나 새로운 가치를 추가해야 할 때도 있다. 그러나 그 과정에서 절대 포기하지 않을 핵심 가치는 끝까지 지켜야 한다. 마치 나침반의

'북쪽'이 변하지 않듯, 삶의 방향을 잡아주는 본질적 기준은 변함없이 유지되어야 한다.

핵심 역량 유지·업그레이드 전략

AI 시대에는 한 번 익힌 기술이나 지식이 영구적으로 경쟁력을 보장하지 않는다. 기술의 수명주기가 짧아지고 새로운 도구와 방법론이 쏟아지는 만큼, 핵심 역량을 '유지'하는 것만으로는 부족하다. 끊임없이 '업그레이드'해야만 변화 속에서 살아남을 수 있다. 핵심 역량이란 단순히 내가 잘하는 기술이나 업무 능력이 아니라, 시장에서 나를 차별화하고 가치를 높이는 근본적 능력을 뜻한다.

핵심 역량을 유지하려면 먼저 '역량의 구조'를 이해해야 한다. 표면적으로 드러나는 기술이나 지식은 역량의 일부일 뿐이고, 그 밑바탕에는 문제 해결 능력, 창의적 사고, 학습 속도 같은 '메타 역량'이 자리 잡고 있다. 기술은 시간이 지나면 교체될 수 있지만, 메타 역량은 새로운 기술을 빠르게 습득하고 적용하는 기반이 된다. 따라서 핵심 역량 관리의 첫 단계는 내 역량의 뿌리를 점검하고 강화하는 것이다.

업그레이드를 위해서는 '계획적인 노출'이 필요하다. 자신이 속한 분야 안에서만 정보와 사람을 접하면 발전 속도가 한계에 부딪힌다. 새로운 기술, 다른 산업, 전혀 다른 문화와 환경에 의도적으로 노출되면, 기존 역량에 새로운 자극이 더해져 발전 속도가 빨라진다. 예를 들어 마케팅 전문가라면, 데이터 분석이나 심리학, 디자인 트렌드에 일부러 관심을 넓히는 것이 좋은 업그레이드 전략이 될 수 있다.

또한 업그레이드는 **작은 단위의 지속 학습**에서 시작된다. 하루에 10분이라도 관련 논문을 읽거나, 실험 프로젝트를 진행하고, 새로운 툴을 직접 다뤄보는 것이 중요하다. 한 번의 대규모 교육보다 매일의 작은 실천이 역량을 더 깊고 단단하게 만든다.

결국 핵심 역량을 유지하고 업그레이드한다는 것은, 변화에 수동적으로 적응하는 것이 아니라 변화를 스스로 끌어당기는 주체가 되는 일이다. 이렇게 성장한 역량은 AI 시대에도 쉽게 대체되지 않는 '나만의 무기'로 남게 된다.

지속 가능한 네트워크 관리

AI 시대에 개인의 성장은 혼자만의 노력으로 완성되지 않는다. 변화 속도가 빨라질수록 다양한 분야의 사람들과 지속적으로 연결되고 교류하는 능력이 점점 더 중요한 경쟁력이 된다. 그러나 네트워크는 단순히 '많은 사람을 아는 것'이 아니라, **오래 지속될 수 있는 관계를 어떻게 관리하느냐**에 따라 진짜 힘을 발휘한다.

지속 가능한 네트워크의 핵심은 '서로에게 가치를 주고받는 순환 구조'를 만드는 것이다. 관계를 유지하는 데는 신뢰가 필수이며, 신뢰는 단발적 도움보다 꾸준한 관심과 진정성 있는 교류에서 생겨난다. 예를 들어, 기회가 있을 때마다 상대에게 도움이 될 만한 자료나 인사이트를 공유하거나, 함께 성장할 수 있는 프로젝트를 제안하는 것이 좋다. 이렇게 하면 관계가 일방적이거나 단절되는 것을 막고, 시간이 지나도 서로를 '의미 있는 연결'로 인식하게 된다.

네트워크를 관리할 때 중요한 또 하나의 전략은 **다층적 관계 구조**를 설계하는 것이다. 핵심적으로 자주 소통하는 '내부 네트워크', 중간 정도 빈도로 교류하는 '확장 네트워크', 그리고 가끔만 연결하는 '잠재 네트워크'로 구분하면, 모든 관계를 동일하게 유지하려는 부담을 줄이면서도 영향력을 넓힐 수 있다. 이 구조를 활용하면 필요할 때 적합한 사람과 빠르게 연결되고, 장기적으로 관계를 건강하게 유지할 수 있다.

마지막으로, 네트워크를 '관리 대상'이 아니라 '함께 성장하는 공동체'로 보는 관점이 필요하다. 서로가 가진 자원과 경험을 공유하며, 변화와 도전에 맞서는 동반자로 관계를 바라볼

때, 그 네트워크는 AI 시대에도 변함없이 나의 성장을 지지하는 강력한 토대가 된다.

> 흐르는 세월에도
> 녹슬지 않는 것이 있다
> 그것은 나의 가치
> 그리고 나의 길
> 〈녹슬지 않는 것〉

에필로그

당신은 이미
대체되지 않는 사람이다

AI가 몰고 온 변화의 속도는 분명 숨가쁘다. 처음 이 책을 집었을 때, 당신은 아마도 "나는 이 속도를 따라갈 수 있을까?"라는 불안을 안고 있었을지도 모른다. 그러나 지금 이 순간, 책을 덮기 전의 당신은 분명 달라져 있다. AI를 단순히 두려움의 대상으로만 보던 시선은 사라지고, 그것을 기회와 가능성의 렌즈로 바라보게 되었을 것이다.

우리가 이 여정을 함께하며 발견한 것은 단순한 기술 목록이나 툴의 사용법이 아니었다. 그것은 '사람'이 가진 고유한 힘, 그리고 그 힘을 어떻게 시대와 연결할 것인가에 대한 전략이었다. 창의력, 공감 능력, 통찰력, 스토리텔링처럼 기계가 결코 복제할 수 없는 능력을 의식적으로 키우는 법을 알게 되었고, AI를 나의 동반자로 삼아 나만의 방식으로 생산성과 창의성을 극대화하는 길을 확인했다. 무엇보다 '나'를 브랜드화하여 시장 속에서 대체 불가능한 존재로 자리매김하는 방법을 손에 넣었다.

대체되지 않는 사람은 완벽한 사람이 아니다. 오히려 변화를 기꺼이 받아들이고, 그 속에서 끊임없이 자신을 재정의하는 사람이다. 새로운 기술이 등장하면 두려움보다 호기심이 먼저 앞서고, 익숙한 방식이 무너질 때 그것을 기회로 바꿀 수 있는 사람이다. 그들은 AI를 무기로 삼는 동시에, 인간만이 가진 무기를 더욱 날카롭게 갈고닦는다.

이제 중요한 것은 '시작'이 아니라 '지속'이다. 이 책에서 다룬 전략과 프레임워크는 오늘 실행에 옮길 수도 있지만, 내일 잊어버릴 수도 있다. 그러나 진짜 변화는 반복 속에서 일어난다. 매일 1%씩 성장하는 습관, 작은 실패에서 배우는 회고, 관계를 기회로 바꾸는 네트워크 관리… 이런 행동들이 모여 당신을 더 깊고, 더 단단하게 만든다.

AI 시대의 본질은 '대체'가 아니라 '진화'다. 기술은 인간을 밀어내는 것이 아니라, 인간이 무엇을 지켜야 하고 무엇을 새롭게 만들어야 하는지를 더욱 분명하게 보여준다. 당신은 이미 이 질문에 답할 준비가 되어 있다. 왜냐하면 이 책을 읽는 동안 당신은 끊임없이 스스로에게 물었기 때문이다. "나는 어떤 가치를 지키고, 어떤 영역에서 유일무이한 존재가 될 것인가?"

그러니 이 책을 덮는 지금, 스스로를 믿어도 좋다. 당신은 이미 대체되지 않는 사람이 되기 위한 길 위에 서 있다. 아니, 어쩌면 그 길 위에서 이미 한참을 걸어왔다. 앞으로의 세상은 더 많은 변화와 불확실성을 가져오겠지만, 그것은 두려움의 소식이 아니다. 그것은 당신이 더 선명하게 빛날 기회라는 신호다.

기억하자. AI 시대에도 대체되지 않는 사람은 존재한다. 그리고 그 사람은 바로, 지금 이 책을 덮는 당신이다.

부록 1

AI 시대 생존·성장 체크리스트

1. 관점 점검　　　　　　　　　　　　　　　　　　　　CHECK

- 나는 AI를 위협이 아니라 기회로 보고 있는가?　　☐
- 변화에 대한 두려움보다 호기심이 앞서는가?　　☐
- 새로운 기술을 직접 실험해보는 습관이 있는가?　　☐

2. 역량 점검

- 내 전문성은 AI로 대체되기 어려운가?　　☐
- 창의력·문제 해결력·관계 형성력 중 최소 하나를 지속적으로 강화하고 있는가?　　☐
- 나만의 독창적 콘텐츠·방법론·경험을 쌓고 있는가?　　☐

3. 기술 활용 점검

- 일상 업무에 AI 툴을 적어도 2~3가지 이상 적극적으로 활용하고 있는가?　　☐
- 업무 속에서 반복 작업을 자동화하거나 효율화한 경험이 있는가?　　☐
- AI 결과물에 내 시각과 판단을 반영하고 있는가?　　☐

4. 브랜드·경력 점검　　　　　　　　　　　　　　　CHECK

- 나의 전문 영역이 온라인과 오프라인에서 일관되게 보이는가?　☐
- 최신 포트폴리오와 프로필을 갖추고 있는가?　☐
- 나를 대표하는 키워드와 메시지가 명확한가?　☐

5. 성장 시스템 점검

- 매일 또는 매주 학습하는 시간을 확보하고 있는가?　☐
- 실패에서 개선점을 찾고 반복 적용하고 있는가?　☐
- 장기적인 커리어·관계·재정 계획이 존재하는가?　☐

부록 2

30일 "대체되지 않는 나" 실행 챌린지

1. 목적

- 이 책에서 배운 원칙과 기술을 습관화하도록 돕기
- 짧고 실행 가능한 액션을 매일 하나씩 제시
- AI 시대에 필요한 기술·마인드·네트워크를 동시에 강화

2. 구성 방식

- 주차별 테마 + 일별 미션
- 하루 15~30분 내에 실천 가능
- 매일 기록란 포함(성찰 & 체크 표시)

3. 프로그램 구성 예시

- 1주차: 변화 읽기 & 기회 찾기

Day	미션	설명
1일	AI 뉴스 3개 스크랩	AI 관련 뉴스/보고서 3개 읽고 핵심 포인트 요약
2일	내 직업군의 AI 영향도 분석	ChatGPT·Bard 등 활용, 향후 5년 전망 조사
3일	AI 툴 1개 가입·실험	Canva, Notion AI, Midjourney 등 중 하나

Day	미션	설명
4일	사라질 가능성이 높은 업무 3가지 기록	직무 단위로 정리
5일	AI로 보완할 수 있는 나의 강점 1개 찾기	생산성·창의성 관점
6일	오늘 읽은 AI 변화 트렌드 하나 SNS 공유	네트워크와 통찰 확장
7일	주간 회고 & 인사이트 3줄	실행 후 느낀 점 기록

- 2주차: 핵심 역량 강화

Day	미션	설명
8일	창의적 연결 시도	무관해 보이는 두 아이디어 연결
9일	하루 3회 공감 피드백	대화에서 '감정' 언급하기
10일	데이터 기반 인사이트 도출	통계/리포트에서 숨은 의미 찾기
11일	나만의 스토리 200자 작성	나를 설명하는 짧은 서사
12일	WHY→WHAT→HOW 질문 실습	하루 업무 중 1건 적용
13일	관계 확장 대화 1회	새로운 사람과 AI·미래 주제로 대화
14일	주간 회고 & 인사이트 3줄	실행 후 느낀 점 기록

- 3주차: AI와 협력

Day	미션	설명
15일	AI로 업무 자동화 1건 실습	반복 업무를 AI로 처리
16일	AI로 콘텐츠 제작	이미지·영상·글 중 하나
17일	AI 툴 비교·분석	같은 기능의 2개 툴 비교
18일	AI 결과물 개선하기	AI 생성물 1개 직접 수정·보완
19일	데이터 분석 연습	무료 데이터셋 다운로드 & 분석
20일	AI와 브레인스토밍	주제 1개로 아이디어 10개 생성
21일	주간 회고 & 인사이트 3줄	실행 후 느낀 점 기록

- 4주차: 브랜드 & 성장

Day	미션	설명
22일	LinkedIn·SNS 프로필 수정	전문성 중심 키워드 반영
23일	나의 '대체불가' 한 줄 소개 만들기	20자 이내
24일	디지털 포트폴리오 개설	Notion, Behance, 개인 블로그 등
25일	경력 성장 3년 로드맵 작성	핵심 목표 + 달성 전략
26일	네트워크 강화 액션 1건	전문가 커뮤니티 참여
27일	1% 성장 루틴 정착	아침 10분 학습 or 저녁 회고 습관
28일	30일 성취 리뷰 작성	배운 점, 변화, 다음 계획
29~30일	리마인드 실행	부족했던 미션 재도전

4. 기록·성찰 페이지

- 오늘의 실행
- 느낀 점
- 내일 적용할 점

부록 3

추천 AI 툴 & 리소스 40선

1. 글쓰기·기획·아이디어 생성

ChatGPT: 대화형 AI, 글쓰기·기획·문제 해결 전천후

Claude: 장문 작성과 분석에 강한 AI 어시스턴트

Notion AI: 메모, 프로젝트 관리와 문서 작성 통합

Jasper: 마케팅·광고 카피 최적화 AI

Copy.ai: SNS·광고문안 자동 생성

Perplexity AI: AI 기반 검색·리서치 툴

Rytr: 저렴하고 직관적인 다국어 글쓰기 AI

Writesonic: SEO 최적화 블로그 글·랜딩페이지 작성

2. 이미지·디자인·영상 제작

Midjourney: 예술적·광고급 이미지 생성

DALL·E: 자연어 프롬프트로 이미지 제작

Runway ML: 영상 생성·편집 AI(그린스크린, 인페인팅)

Canva AI: 초보자 친화형 디자인·프레젠테이션 툴

Pika: 짧은 영상 자동 생성 AI

Adobe Firefly: 포토샵·일러스트레이터용 생성 AI

Descript: 영상·오디오 동시 편집 툴

Synthesia: 가상 아바타 프레젠테이션 영상 제작

Leonardo AI: 게임·콘텐츠용 고품질 이미지 제작

3. 데이터 분석·리서치

ChatGPT Code Interpreter / Advanced Data Analysis: 데이터 분석·그래프 생성

Tableau: 시각화 중심의 데이터 분석 툴

Power BI: MS 기반 비즈니스 데이터 분석

Datawrapper: 차트·지도·인포그래픽 제작

Google Colab: 파이썬 기반 데이터 분석 환경

Kaggle: 데이터셋·코드 공유 플랫폼

Lumen5: 데이터 기반 콘텐츠·영상 제작

Meltwater: 미디어·트렌드 데이터 분석

4. 자동화·업무 효율

Zapier: 앱 간 자동화 워크플로우 설정

Make(Integromat): 시각적 자동화 시나리오 설계

IFTTT: 간단한 조건부 자동화

Motion: AI 일정·프로젝트 관리

ClickUp AI: 업무·프로젝트 통합 관리

Trello + AI Power-Ups: 칸반 보드 + AI 자동화

Slack GPT: 팀 협업 + AI 답변·요약

5. 학습·연구·개인 성장

Khan Academy + Khanmigo: AI 기반 튜터 학습

Coursera + AI 학습 추천: 맞춤형 온라인 강좌 추천

Udemy Business: AI 비즈니스·코딩 강좌

DeepL Write: 문장 교정·번역 AI

Replika: 대화형 자기개발·멘탈 케어 AI

MindMeister AI: 마인드맵 자동 생성

Obsidian + AI 플러그인: 지식 관리·연결

Readwise Reader: 읽기·요약·지식 저장 AI

AI 시대, 대체되지 않는 나

초판 1쇄 발행 2025년 11월 30일

지은이 김재광
펴낸이 한승수
펴낸곳 문예춘추사

편집 구본영
디자인 이새봄
마케팅 박건원, 김홍주

등록번호 제300-1994-16
등록일자 1994년 1월 24일
주소 서울특별시 마포구 동교로 27길 53, 309호
전화 02 338 0084
팩스 02 338 0087
메일 moonchusa@naver.com

ISBN 978-89-7604-767-0 03190

* 이 책에 대한 번역·출판·판매 등의 모든 권한은 문예춘추사에 있습니다.
  간단한 서평을 제외하고는 문예춘추사의 서면 허락 없이 이 책의 내용을
  인용·촬영·녹음·재편집하거나 전자문서 등으로 변환할 수 없습니다.
* 책값은 뒤표지에 있습니다.
* 잘못된 책은 구입처에서 교환해 드립니다.